# 200 IDEAS PARA | EL DISEÑO DE APARTAMENTOS

# 200 IDEAS PARA | EL DISEÑO DE APARTAMENTOS

Daniela Santos Quartino

NUMEN
ARTE A TRAVÉS DEL TIEMPO

Importado, publicado y editado en México en 2011 por / Imported, published and edited in Mexico in 2011 by:
Advanced Marketing, S. de R.L. de C.V.
Calz. San Francisco Cuautlalpan 102, bodega "D"
Col. San Francisco Cuautlalpan
Naucalpan, Edo. de México, C.P. 53569

Fabricado e impreso en China en Diciembre 2010 por / Manufactured and printed in China on December 2010 by:
GOODLINKAGE Ltd. Room 301, Hung To Centre, 94-96 How ming Street, Kwun Tong, Kowloon, Honk Kong

Título original / Original title: 200 Tips for Apartment Design

ISBN: 978-607-404-048-7

200 IDEAS PARA EL DISEÑO DE APARTAMENTOS
Copyright © 2010 LOFT Publications S.L.

Diseñado por LOFT Publications S.L.
Vía Laietana 32, 4º, oficina 92
08003 Barcelona, España
Tel: +34 93 268 8088
Fax: +34 93 268 7073
loft@loftpublications.com
www.loftpublications.com

Director editorial: Paco Asensio
Edición: Daniela Santos Quartino
Coordinación editorial: Catherine Collin y Simone Schleifer
Redacción: Ian Ayers
Traducción: Cillero & De Motta
Dirección artística: Mireia Casanovas Soley
Realización de cubierta: María Eugenia Castell Carballo
Maquetación: Esperanza Escudero Pino

Hemos puesto todo nuestro empeño en contactar con aquellas personas que poseen los derechos de autor de las imágenes publicadas en este volumen. En algunos casos no nos ha sido posible, y por esta razón sugerimos a los propietarios de tales derechos que se pongan en contacto con nuestra editorial.

Reservados todos los derechos. Queda rigurosamente prohibida, sin la autorización escrita de los titulares del copyright y bajo las sanciones establecidas en las leyes, la reproducción total o parcial de esta obra por cualquier medio o procedimiento, comprendidos la reprografía, el tratamiento informático y la distribución de ejemplares mediante alquiler o préstamo público.

| | |
|---|---|
| 8 | INTRODUCCIÓN |
| 10 | VIVIR SOLO |
| 12 | Loft Flatiron |
| 20 | Loft Frankie |
| 26 | Mid Levels |
| 36 | Cubo |
| 42 | Loft en Caldes de Montbui |
| 50 | Vivienda en Londres |
| 56 | Apartamento para un fotógrafo |
| 64 | Room Z |
| 72 | Loft Gleimstrasse |
| 82 | La casa de Laura |
| 92 | VIVIR CON MASCOTAS |
| 96 | VIVIR EN PAREJA |
| 98 | Chengdu Yellow |
| 106 | Anglers's Bay |
| 114 | Apartamento flexible |
| 126 | Apartamento O'Neill |
| 134 | Residencia Frears |
| 142 | Bel Air |
| 152 | RP House |
| 162 | Apartamento Vanke Glass |
| 170 | Residencia Tsai Soingao (3F) |
| 182 | Apartamento en Dornbirn |
| 190 | Homage Hill |
| 198 | 7 Esculturas |
| 206 | VIVIR CON PLANTAS |

| | | | |
|---|---|---|---|
| 210 | SOMOS UNA FAMILIA | 420 | ALTO STANDING |
| 212 | Apartamento en la 5ª Avenida | 422 | Apartamento en South Beach |
| 224 | Loft en Tel Aviv | 432 | Apartamento Gonsalves |
| 232 | West Village | 442 | Apartamento en Park West |
| 242 | Apartamento N | 456 | The Hammer |
| 248 | Songao 2F | 468 | Ático en Mayfair |
| 260 | Residencia en NY City | 476 | Apartamento Los Cerros |
| 266 | Residencia Houchhauser | 484 | Apartamento Reina Victoria |
| 276 | Loft Gray | 496 | Apartamento AKM |
| 286 | Upper East Side | 504 | Ático en Notting Hill |
| 296 | Loft Forbes | 514 | Ático en el East Village |
| 304 | Apartamento en Bruselas | 522 | Mangrove West Coast |
| 312 | VIVIR CON NIÑOS | 530 | VIVIR CON TERRAZAS |
| 316 | VIVIR EN UN SUEÑO | 534 | ARRIBA Y ABAJO |
| 318 | Loft Libesking | 536 | Lords Telephone Exchange |
| 330 | Loft No-ho | 548 | Apartamento en Milán |
| 340 | Apartamento en Melbourne | 556 | Loft Breck |
| 348 | Apartamento Cinema | 568 | Apartamento en Vitoria |
| 356 | Apartamento en Hillingdon Place | 576 | 1310 East Union |
| 362 | Loft Gershon | 586 | Parent Avenue |
| 368 | Loft para un joven ejecutivo | 596 | Fraternitat Two Level |
| 376 | Residencia de la Torre Olímpica | 606 | Apartamento RP |
| 384 | Apartamento en el Turning Torso | 614 | Apartamento de dos niveles en el Born |
| 396 | Jindi Cartoon Coolpix II | 624 | Apartamento en Manhattan |
| 406 | Casa Rosa | 630 | Apartamento en Brooklyn |
| 416 | VIVIR CON EL DISEÑO | 638 | Residencia Phillipps-Skaife |
| | | 650 | Lofts en Abbot Kinney |
| | | 660 | Loft en A Coruña |
| | | 670 | VIVIR CON ESCALERAS |

| | |
|---|---|
| 674 | SEGUNDA OPORTUNIDAD |
| 676 | Rehabilitación en Cuatro Caminos |
| 686 | Rehabilitación en Juan Flórez |
| 696 | Unidad Horizontal |
| 706 | Glacier |
| 716 | Edificio de lofts en Los Ángeles |
| 732 | Lofts Ben Avigador |
| 738 | Apartamento Cedofeita |
| 744 | Casa JM |
| 754 | Ático Baldestrasse |
| 760 | Loft en París |
| 766 | Apartamento rehabilitado en Barcelona |
| 774 | Ático en Ámsterdam |
| 782 | Apartamento en Madison Avenue |
| 790 | REHABILITACIÓN |
| 794 | DIRECTORIO |

## INTRODUCCIÓN

Los apartamentos urbanos rehabilitados están ocupando un lugar cada vez más importante en el mundo de la arquitectura, a medida que la vida en el centro atrae a más gente y cambia la faz de las ciudades en todo el mundo. En Norteamérica, el centro de las ciudades recuperó su vitalidad en los primeros años del siglo XXI tras décadas de decadencia desde mediados del siglo XX. Sin embargo, en Europa el centro de las ciudades nunca ha pasado de moda. Sus casas, construidas originariamente para grandes familias y caracterizadas por apartamentos divididos en muchas habitaciones pequeñas con baños y cocinas del tamaño de armarios, se están transformando en apartamentos con zonas más grandes y abiertas pensadas para solteros, parejas y familias pequeñas. En Asia, el desarrollo económico ha desembocado en el boom de la construcción de apartamentos en esas megaciudades en rápida expansión.

La gente está redescubriendo las ventajas de vivir en el centro. Los jubilados se mudan a barrios urbanos por la riqueza cultural de sus teatros, auditorios y museos en un lugar que no les exige usar el coche. Las parejas jóvenes también se sienten atraídas por la vida cultural y las oportunidades económicas que les brinda el centro, como la posibilidad de vivir y trabajar a poca distancia. Pero las viejas corrientes del diseño de apartamentos, en las que el espacio se dividía en compartimentos individuales separados por una pared y pensados para proporcionar intimidad a grandes unidades familiares, están siendo sustituidas por un diseño minimalista con mayores espacios abiertos y líneas claras y nítidas. Mientras que las cocinas tradicionales eran apenas espacios prácticos, ocultos a la vista y pensados para ser usados sólo por el ama de casa, la cocina actual ocupa un lugar destacado dentro del apartamento, y forma parte integral de las zonas dedicadas a la vivienda y el ocio. Los baños, otro espacio tradicionalmente oculto y simplemente práctico, se han convertido en mini-spas, zonas de relax y renovación. Si se cuenta con buenas vistas, el urbanita contemporáneo intenta aprovecharlas eliminando paredes interiores que pudieran bloquearlas y abriendo nuevas ventanas allí donde sea posible.

Algunos de estos cambios se han inspirado en los lofts. Los antiguos edificios industriales del siglo XIX próximos al centro, ya en desuso, se vuelven a utilizar como residencias o unidades mixtas trabajo-vivienda. Los cavernosos volúmenes y techos altos de los espacios industriales, cuyas oportunidades de gozar de luz natural a menudo se limitan a un único lado de la unidad, han dejado paso a ese diseño de loft abierto tan conocido en la actualidad. Esta fórmula ha tenido tanto éxito que ha sido ampliamente imitada en edificios residenciales de nueva factura. E incluso los tradicionales bloques de un solo piso se están remodelando o construyendo buscando esa apertura de los lofts industriales.

Este libro recoge algunos de los mejores ejemplos del diseño de lofts contemporáneos para ilustrar estas fascinantes tendencias: laberínticos apartamentos antiguos abiertos a la luz y al espacio; toscas naves industriales redescubiertas gracias a intervenciones sensatas; volúmenes estrechos convertidos en atractivos ambientes de una sola habitación gracias al uso inteligente del espacio; edificios de varios pisos en los que se da la interacción dinámica entre los diferentes niveles, y monótonas viviendas tradicionales transformadas en lugares de ensueño. El vasto mundo del diseño de apartamentos contemporáneos presentado en forma de 200 ideas para decorar su vivienda.

IAN AYERS

# VIVIR SOLO

# LOFT FLATIRON

Arquitecto: **The Apartment Creative Agency**
Ubicación: **Nueva York, EE.UU.**
Fotografía: **Michael Webber**

Para transformar este claustrofóbico espacio en un amplio loft de 83 m² y un dormitorio en el distrito Flatiron de Nueva York hubo que estudiar meticulosamente los hábitos cotidianos de su propietario. Eliminando todas las paredes, escondiendo el dormitorio tras una cortina (y, por lo tanto, transformándolo en una caja de luz) y llevando el baño detrás de la cocina, los diseñadores fueron capaces de modelar el espacio para hacerlo compatible con las necesidades del dueño. Los muebles contemporáneos del siglo pasado sirven de complemento perfecto a la arquitectura.

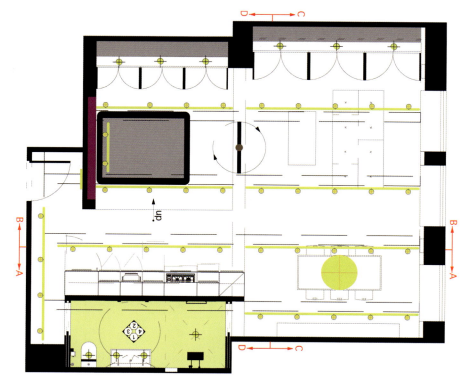

Planta

La cama se sitúa en un escenario ligeramente elevado que cuenta incluso con un telón. La apertura y unidad del espacio sólo se ven ligeramente afectadas por las presencia velada de cortinas.

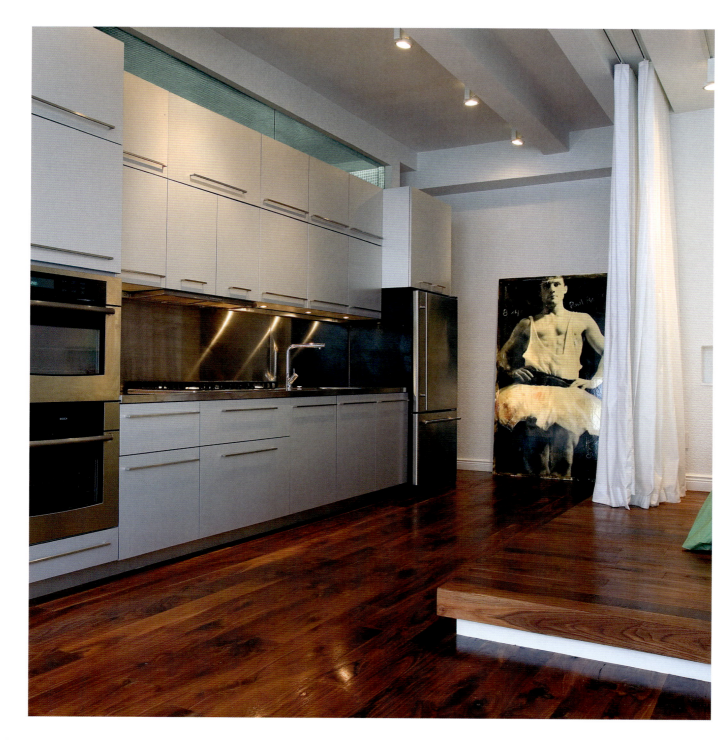

Las ventanas elevadas interiores permiten iluminar con luz natural las habitaciones que no dan al exterior. Una banda de cristal sobre los armarios de la cocina deja pasar la luz al baño sin ventanas situado detrás.

01

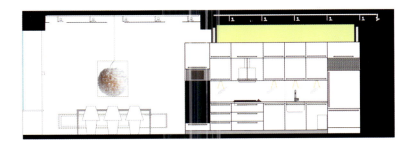

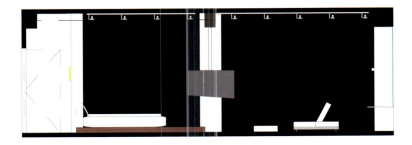

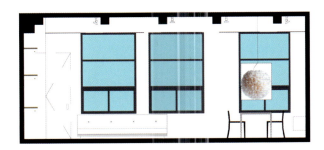

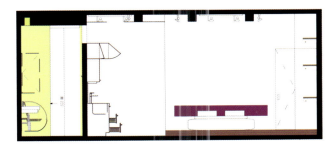

Secciones

# LOFT FRANKIE

Arquitecto: **Joan Bach**
Ubicación: **Barcelona, España**
Fotografía: **Jordi Miralles**

La altura del techo permitió al arquitecto la inserción de una entreplanta donde ubicar el dormitorio para aprovechar mejor el espacio reducido. Gracias también al techo elevado, pudo abrir también unas grandes ventanas que inundan de luz natural todo el espacio. Debajo del dormitorio hay un pequeño rincón para trabajar mientras que la cocina está situada detrás, oculta tras una pared-armario de mediana altura. La pintura plateada hace destacar los elementos estructurales que se dejaron a la vista, e imita el acabado de la estructura de acero elegantemente realizada.

Los armarios de la cocina están dispuestos de acuerdo con las limitaciones espaciales. Una abertura al salón conecta visualmente ambas estancias.

Para apartamentos reducidos, muebles también pequeños. El sillón, una réplica a tamaño 3/4 del modelo original, no sobrecarga el espacio, a pesar de ser de un rojo chillón.

02

# MID LEVELS

Arquitecto: **PTang Studio Limited**
Ubicación: **Hong Kong**
Fotografía: **Philip Tang**

El espacio vacío, blanco y despejado ayuda a que este reducido apartamento de una habitación parezca un poquito más grande. El suelo de madera clara natural es el complemento perfecto al blanco. Y las estudiadas notas de color aquí y allá de la decoración añaden un toque de emoción sin restar claridad visual al espacio blanco. El rojo señala la zona del comedor y el azul oscuro, el salón. Las mismas sensaciones despierta la escalera de caracol que conduce a la terraza de madera del piso superior con su pretil blanco: una pincelada mediterránea en la China tropical.

Unos pocos y sencillos muebles crean un ambiente tranquilo y despejado: unos cuantos viejos arcones chinos, un sofá blanco y algunas elegantes piezas modernas. El espacio se llena de la luz natural que llega de todas partes.

Las ventanas equilibran la luz natural y evitan el deslumbramiento. Este espacio ilustra a la perfección esta idea: la luz natural entra por las ventanas de la cocina y por las que están enfrente, en el salón.

03

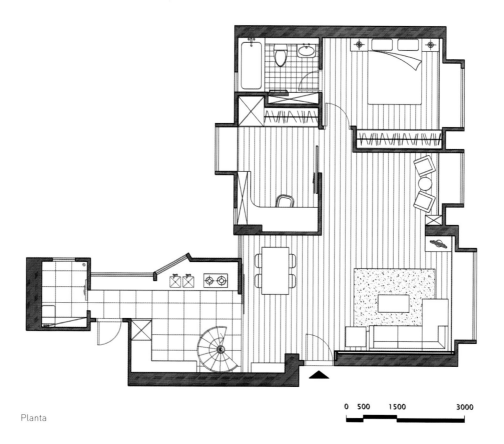

Planta

Los suelos de madera y los muebles contemporáneos llevan el tema decorativo del apartamento hasta la escalera de caracol y al exterior, a la terraza del tejado.

# CUBO

Arquitecto: **StudioAta**
Ubicación: **Turín, Italia**
Fotografía: **Beppe Giardino**

Este apartamento está situado en el ático de un edificio del siglo XX en el centro de Turín, e incluye también una buhardilla no habitada que no había sido accesible hasta ahora. Los diseñadores decidieron concentrar todos los volúmenes del loft, como armarios, baño, escaleras y muebles de la cocina, dentro de un cubo, con el fin de despejar el resto del espacio. La ubicación de este cubo en el centro ayuda a diferenciar las distintas estancias. Las originales escaleras móviles parecen haber sido recortadas del negativo que quedó en el cubo allí donde continúan las escaleras.

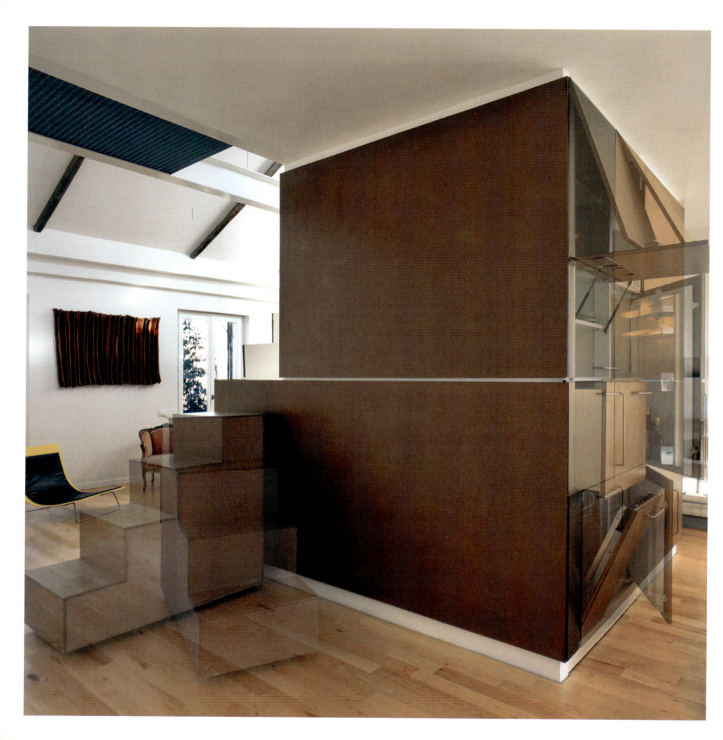

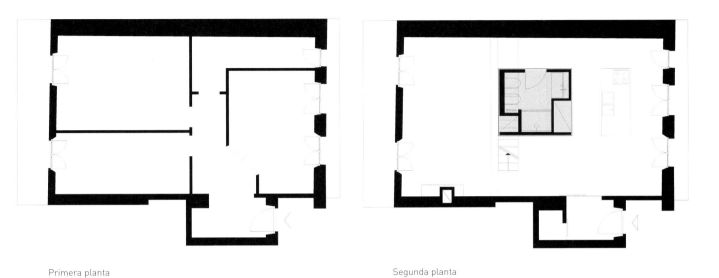

Primera planta

Segunda planta

El «cubo», con un acabado en dos tonos, sirve de armario de cocina en el lado que da a esta estancia. La cocina se encuentra en la mitad del apartamento que está bajo el loft, por eso tiene un techo plano.

Si la estructura de su edificio tiene vigas antiguas, déjelas a la vista para conseguir un efecto espectacular. De esta manera, también conseguirá crear una sensación de mayor amplitud.

04

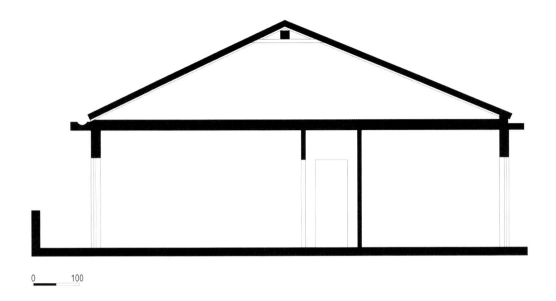

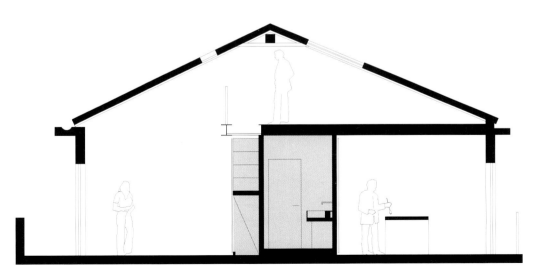

Secciones

# LOFT EN CALDES DE MONTBUI

Arquitecto: **Manel Torres/In Disseny**
Ubicación: **Caldes de Montbui, España**
Fotografía: **Jorge Rangel**

El espacio principal de este apartamento de 65 m$^2$ se compone de dos zonas: el salón y la entrada, donde se encuentra también la cocina. Dada la ausencia de paredes, una elegante librería hecha de listones blancos y negros separa ambas zonas sin destruir la unidad global del espacio, como haría una pared. Otro tabique a modo de pantalla separa la cocina del comedor. El dormitorio está más claramente aislado del resto del apartamento por un panel deslizante que, cuando se abre, permite que los espacios se unifiquen.

Esta superficie deslizante aporta un cierto grado de utilidad a la pequeña cocina y se integra en el diseño. En los espacios reducidos es importante descubrir la mejor manera de aprovechar la superficie de que se dispone.

05

Los colores vivos y llamativos, si se usan adecuadamente, pueden funcionar muy bien en interiores modernos abiertos. En un plano abierto donde el espacio fluye de una zona a otra, los métodos tradicionales de decoración, que en cuanto a la pintura considera las habitaciones de forma separada, se sustituyen por la estrategia de pintar paredes individuales (o techos) como si fueran objetos.

06

Dos paredes de colores llamativos se miran la una a la otra desde los extremos opuestos del apartamento. Ésta pared separa el baño del dormitorio. La otra se encuentra entre la cocina y el comedor.

# VIVIENDA EN LONDRES

Arquitecto: **AEM Architects**
Ubicación: **Londres, Reino Unido**
Fotografía: **Alan Williams**

La falta de espacio fomenta la creatividad del arquitecto para dar cabida a todos los elementos necesarios de la mejor manera posible. Esta pequeñísima unidad de 30 m² en el ático de una vivienda unifamiliar cuenta con dos dormitorios y ofrece una sensación de amplitud. El techo alto se aprovechó para albergar un dormitorio al que se accede por una escalera de peldaños recortados que ahorra espacio. Paredes claras y suelos de madera blanca con discretas notas de color ayudan a crear un espacio despejado. Un panel giratorio naranja chillón cierra el dormitorio y sirve de contrapunto al azul del baño. El diseño se completa con un mobiliario sencillos moderno.

**07** Las escaleras en dos partes puede ahorrar espacio. Esta escalera metálica blanca es fácil de subir aunque esté un poco inclinada porque los escalones son anchos y la altura entre ellos no es mayor que un paso normal.

Limitar el número de materiales diferentes en un espacio pequeño ayuda a que resulte visualmente más sencillo y menos recargado. El armario de la cocina y el entrepaño parecen formar parte del suelo.

08

# APARTAMENTO PARA UN FOTÓGRAFO

Arquitecto: **Leddy Maytum Stacy Architects**
Ubicación: **San Francisco, EE.UU.**
Fotografía: **Stan Musilek y Sharon Reisdorph**

Este apartamento, que se encuentra en el tejado de una gran estructura industrial, sirve al dueño como estudio de fotografía y le permite disfrutar de las vistas sobre el centro de la ciudad. La estructura original es un bloque de hormigón con tejado entramado de madera. El apartamento añadido que aquí vemos es una estructura de madera reforzada con escuadras de acero, e imita un tejado industrial. El resultado final se parece mucho a las casas de paneles *shoji* japonesas. La pared norte es toda de cristal para aprovechar las vistas, y el baño y la cocina se encuentran en el lado sur.

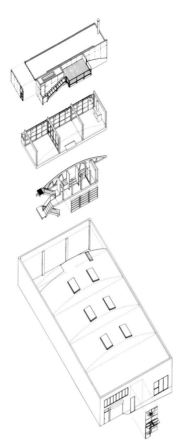

Vista axonométrica

## 09

Una hendidura a lo largo del techo y otra que se extiende hasta un tragaluz lineal resultan perfectas para colocar las luces, manteniendo el resto del techo limpio y despejado. El tragaluz lineal opuesto a las ventanas ayuda a equilibrar la luz natural.

El vestigio del arco del tejado de la nave industrial sirve de marco a la zona de la cocina/entrada. Colocar el tragaluz frente a una pared permite que la luz caiga sobre ella e ilumine el interior de manera más eficaz.

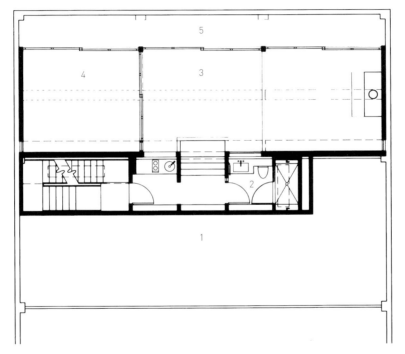

1. Entrada
2. Baño
3. Salón/comedor
4. Dormitorio
5. Terraza

Planta

Una sencilla cuadrícula estructural, con materiales que contrasten y los planos de la pared y el techo insertados, da un aire japonés al espacio, sobre todo por los tabiques deslizantes.

10

# ROOM Z

Arquitecto: **One Plus Partnership**
Ubicación: **Hong Kong**
Fotografía: **Virginia Lung**

En este minúsculo apartamento de Hong Kong, los diseñadores han dado al espacio la máxima flexibilidad. A excepción del baño cerrado, todas las actividades ocupan un espacio continuo. Pero, ¿se pueden crear con una única habitación las diferentes atmósferas que propicien las diferentes actividades de estudio, ocio o relajación? En un alarde de ingenio, las persianas verticales se pueden girar y funcionan a modo de «papel de pared cambiante» que reviste las dos paredes más grandes y las ventanas.

Los paneles deslizantes se pueden utilizar no sólo para cerrar espacios temporalmente, sino también para cambiar al instante el ambiente o la decoración al mostrar los vistosos colores o texturas de la pared que hay tras ellos.

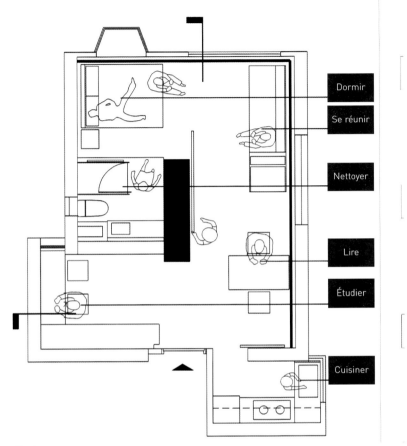

Planta

Se puede usar un sistema único de «persianas verticales» de tres caras en la pared más grande de este apartamento de una habitación para cambiar el ambiente del espacio y adaptarlo a sus diferentes usos: trabajo, ocio o descanso.

11

Las paredes del «papel cambiante» se encuentran en una esquina. Y filtran la luz de las ventanas que hay tras ellas. El extremo de la gran pared deslizante se adivina a la derecha.

# LOFT GLEIMSTRASSE

Arquitecto: **Graft**
Ubicación: **Berlín, Alemania**
Fotografía: **Jan Bitter**

La claridad y fluidez del espacio, temas comunes del diseño residencial contemporáneo, encuentran su mejor expresión en este proyecto, en el que las paredes y los espacios parecen confluir. Un espacio continuo, amplio y abierto fluye a lo largo del perímetro del plano, mientras se disponen a los lados pequeñas zonas «nido». La dersa masa central acoge los espacios más pequeños y más cerrados, como las escaleras y los baños. En cada extremo de ese flujo abierto de espacio se sitúan los dormitorios. Los espacios se pueden cerrar con paredes deslizantes.

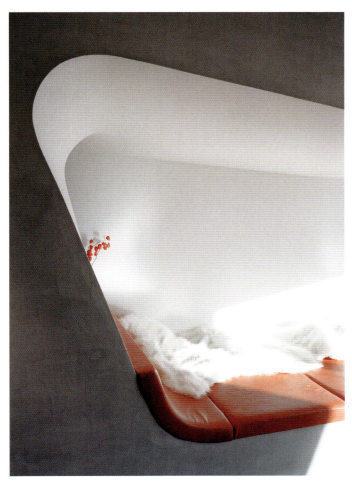 

Para crear una estética homogénea e integral, las paredes se pueden transformar en estanterías, camas, chimeneas o cualquier otro mueble. Así, los muebles independientes comunes se vuelven innecesarios.

12

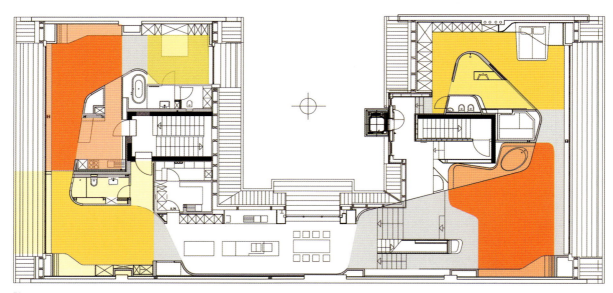

Planta

Las fachadas norte y sur cuentan con ventanas con un sistema de acordeón que se puede abrir por completo y prolongan el interior hacia los balcones, ofreciendo un espectacular panorama.

Las camas, mesas de trabajo, sofás, armarios, estanterías y librerías se integran en una construcción formada por paneles de yeso. Estos espacios y rincones invitan a habitar las formas de una manera más íntima.

# LA CASA DE LAURA

Arquitecto: **Filippo Bombace**
Ubicación: **Roma, Italia**
Fotografía: **Luigi Filetici**

El plano existente del apartamento presentaba un incómodo e inútil pasillo que rodeaba la cocina, pequeña y cerrada, para dar acceso a los dormitorios. Al abrir la cocina se permitió la circulación (no limitada al pasillo) para acceder más directamente a la parte posterior del apartamento, de modo que se pudo destinar más espacio a otros usos funcionales. Y el plano se hizo mucho más abierto y despejado. Los baños, en vez de dos reducidas habitaciones rectangulares, sobresalen y se curvan para ser más cómodos y ocupar menos espacio.

Diversas planchas de cristal tintado entablan un diálogo por todo el espacio. La primera se encuentra en la entrada, y sirve de pequeña separación entre la habitación principal a la vez que aporta sensación de hogar. La segunda cierra la ducha, que resulta más grande al estar visualmente abierta.

Las decisiones más importantes en una rehabilitación tienen que ver con el plano básico de la planta. Todo lo demás son detalles. No se sienta limitado por un plano que no funciona. Empiece con ideas frescas.

13

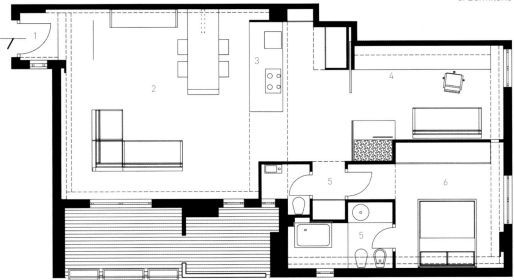

1. Entrada
2. Comedor
3. Cocina
4. Salón
5. Baño
6. Dormitorio

Planta

Perspective 3D

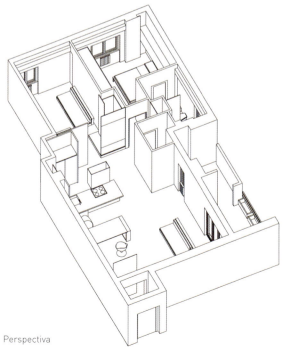

Perspectiva

Los volúmenes, planos y superficies se combinan y entrecruzan en una composición armónica en la cocina y el comedor. Al fondo se puede ver un cuarto de estar o un segundo dormitorio.

# VIVIR CON MASCOTAS

## 14

Baraje la posibilidad de instalar muebles especialmente diseñados para su mascota, sobre todo si quiere mantenerla alejada de un sofá de lana caro. Hay piezas muy elegantes especiales para nuestros animales.

## 15

Busque lugares específicos dentro del apartamento para sus mascotas. Les suelen gustar los mismos sitios que a las personas. Por ejemplo, un asiento al pie de una ventana soleada para su gato o una acogedora camita bajo las escaleras para el perro. Ahora diséñelos para que encajen en el plano.

## 18

Evite las moquetas y demás acabados blandos y suaves que acaban llenos de pelos e impregnados de olor.

## 16

En la medida de lo posible, haga coincidir el color de su tapicería con el del pelo de su mascota. O use una tela de diferentes colores y un diseño que disimule el pelo. En ocasiones es imposible llegar a eliminar todos los pelos.

HEPPER

HEPPER

HOLDEN DESIGNS

## 17

Algunas mascotas —los peces exóticos o los pájaros multicolores, por ejemplo— pueden ser elementos decorativos por sí mismos. Pinte una habitación de forma que haga destacar el brillante plumaje de un guacamayo. O sitúe una pecera como centro de atención de un interior.

## 19

Es una buena idea cubrir las paredes con superficies fáciles de limpiar, pues probablemente los animales se frotarán contra ellas.

COSMOPOLITAN CANINE

BARK DECO

## 20

Evite usar sustancias tóxicas en elementos que los animales puedan roer. Muchos acabados sintéticos contienen materiales tóxicos como el formaldehído. Algunas plantas de interior también pueden ser tóxicas.

KITTY POD / ELIZABETH PAGE

## 21

Si tiene mascotas, los sofás de ante no suelen ser una buena elección porque las manchas son difíciles de quitar. Una tela semejante al ante y resistente a las manchas resulta preferible.

FATBOY

PET INTERIORS

CAT INTERIORS

## 23

A la mayoría de las mascotas les encanta salir al exterior. Si tiene un patio, debería diseñar una puerta para el perro o el gato.

HANDMADE PET CARE

HANDMADE PET CARE

HEPPER

## 22

Muchos acabados en pintura mate
no resultan fáciles de limpiar.
Tal vez sea más aconsejable
una pintura brillante.

MODERN CRITTER

ATELIER OI.SA

CAT INTERIORS

## 24

La cama del gato es la cosa más
antiestética de un apartamento. Diseñe
en su lugar un armarito oculto y bien
ventilado en un rincón apartado de la
vista. Una abertura pequeña, suficiente
para que entre y salga el animal,
ayudará a disimular esta pieza.

## 25

Las superficies fáciles de limpiar
son la mejor opción cuando las
mascotas tienen abundante pelo.

# VIVIR EN PAREJA

# CHENGDU YELLOW

Arquitecto: **One Plus Partnership**
Ubicación: **Hong Kong**
Fotografía: **Virginia Lung**

Aprovechar al máximo el espacio limitado es la especialidad de estos diseñadores de Hong Kong. Con este fin, utilizan una variada gama de elementos deslizantes y giratorios. Un asiento que se desliza fácilmente por toda la habitación gracias a los raíles del suelo. Una mesa que sirve para diferentes propósitos cuando se gira: en una posición, se adosa a un lavabo y serve de tocador; en otra posición, puede dar cabida a más personas a la hora de cenar. Paneles deslizantes que giran 90 grados sobre raíles montados en el techo delimitan la zona del dormitorio.

El sofá, o *lounge*, se desliza gracias a las guías del suelo. Se puede usar para sentarse a la mesa, a los pies de la cama o para ver la televisión, según donde esté.

Planta

Los elementos giratorios, pivotantes y deslizantes se pueden emplear para hacer más flexible el espacio reducido. Una mesa que pivota sobre uno de sus lados para unirse a un lavabo con pie de mármol sirve de tocador; si gira en otro sentido se convierte en mesa de comedor.

26

La combinación armoniosa de colores resulta visualmente atractiva. Las paredes y las amplias superficies constituyen un fondo amarillo de cadmio intenso que resalta los muebles y demás elementos en negro azabache

# ANGLERS' BAY

Arquitecto: **PTang Studio Limited**
Ubicación: **Hong Kong, China**
Fotografía: **Ulso Tsang**

En este pequeño apartamento conceptual monocromo predomina el blanco en las paredes, en las baldosas del suelo y demás superficies pulidas. Pero hay un objeto que destaca especialmente en el espacio: un armario pivotante de espejos de color naranja entre el dormitorio y el salón. Todo el diseño gira en torno a este elemento. Y esta pieza gira a su vez en torno a un eje central que permite modificar las relaciones espaciales del apartamento. En la parte posterior del armario hay una televisión de pantalla plana que se puede ver desde la cama o el sofá.

En un apartamento tan pequeño, diseñe el espacio en torno a un tema central. Un espacio reducido no puede contener múltiples puntos de interés que compitan entre sí.

27

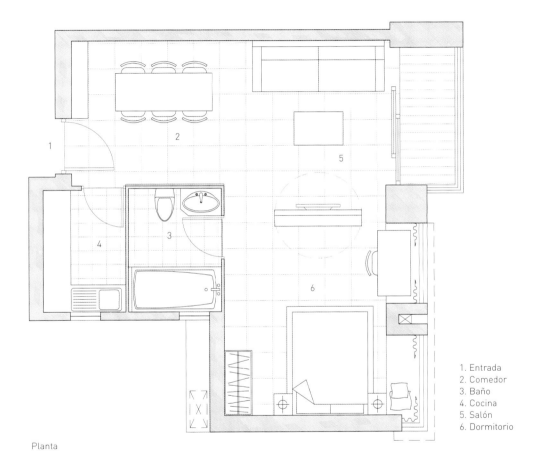

Planta

1. Entrada
2. Comedor
3. Baño
4. Cocina
5. Salón
6. Dormitorio

El armario de espejos giratorio naranja es el centro visual del apartamento, y sus diferentes posiciones modifican la dinámica del espacio. Gracias a su color, destaca con fuerza.

# APARTAMENTO FLEXIBLE

Arquitecto: **Page Goolrick**
Ubicación: **Nueva York, EE.UU.**
Fotografía: **John M. Hall**

En el diseño de este apartamento del Soho se han contemplado sus posibles y diferentes usos. Su diseñador/propietario quiso que fuese un hogar y un estudio, y que ocasionalmente sirviese para alojar exposiciones. Se trata de un laboratorio de diseño en el que se trabaja con diferentes elementos y materiales. El apartamento está dividido en tres zonas: el dormitorio, que también es un estudio; la zona central, diseñada para exposiciones; y la cocina, que puede servir como sala de reuniones. La variedad de materiales y la mezcla de funciones dan al espacio un atractivo aire de caos creativo.

En las puertas a medida de acero y cristal destaca el detalle de los finísimos marcos. Los planos del arquitecto/propietario y las pizarras con materiales materiales llenan las paredes de la cocina/sala de reuniones.

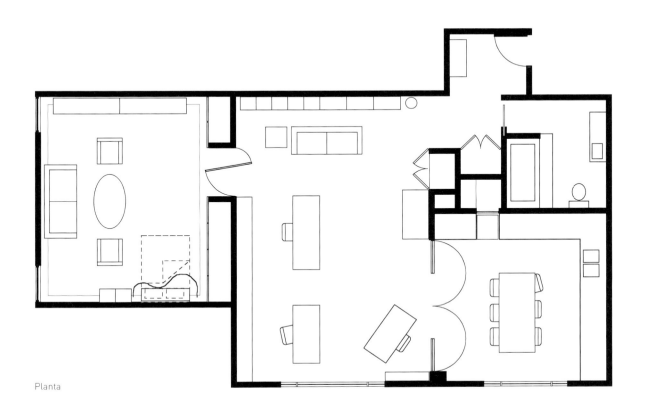

Planta

## 28

Las unidades para vivir/trabajar se planifican casi siempre alrededor de una clara separación entre ambas zonas. Este plano adopta una perspectiva opuesta al integrar completamente las dos áreas en cada habitación de la casa. Éste es el resultado.

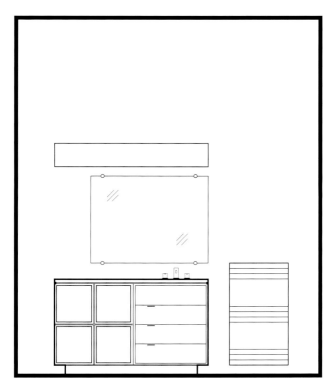

Alzado de la pared este del baño

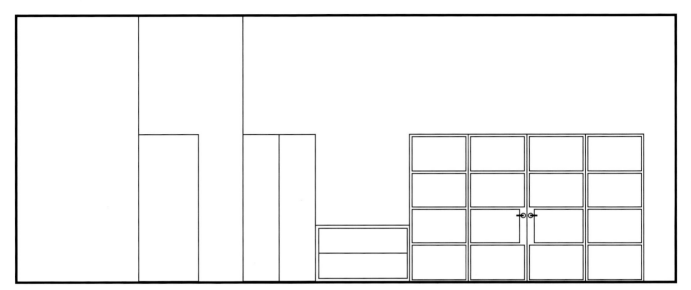

Alzado de la pared este del estudio

El estudio/dormitorio se encuentra separado de la habitación central por una pared de armarios a los que se accede gracias a una escalera rodante de biblioteca. La gran puerta pivotante se integra en el proyecto.

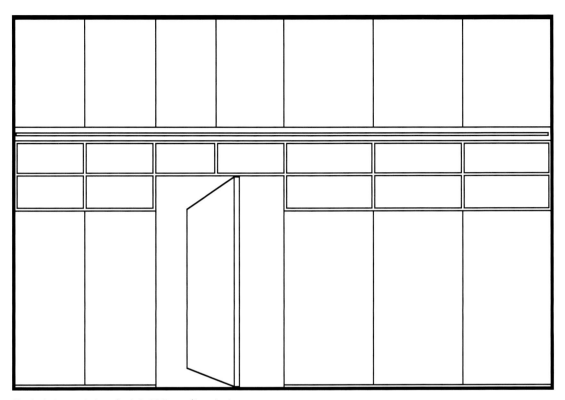

Alzado de la pared almacén de la biblioteca/dormitorio

29 Una escalera rodante es un añadido muy funcional en un apartamento alto en el que la superficie limitada exige usar la zona del techo para unidades de almacén y estanterías elevadas.

# APARTAMENTO O'NEILL

Arquitecto: **Emanuela Frattini Magnusson, EFM Design & Architecture**
Ubicación: **Nueva York, EE.UU.**
Fotografía: **Michael O'Neill**

Los diseñadores tuvieron vía libre para rediseñar por completo este apartamento, incluyendo la reorganización de la distribución, el diseño de armarios y acabados, e incluso ciertos muebles. Las paredes blancas se combinan con diferentes materiales en la gama de los grises y con los tonos claros de la madera de los suelos. Los marcos de las puertas, de aluminio bruñido, sobresalen de la superficie de la pared y crean un magnífico contraste con las puertas oscuras. El apartamento tiene la suerte de contar con grandes ventanas en tres de sus lados y dos terrazas, y las sabe aprovechar.

Los pasillos no necesitan mucha luz. Una lámpara directa instaladas en el techo, cerca de una entrada larga y estrecha, deslumbraría. En cambio, estos apliques instalados en la pared, a media altura, proporcionan la luz necesaria.

Planta

## 30

El tono ligeramente gris de los armarios de la cocina hace que combinen bien con los utensilios y taburetes de acero inoxidable. El vidrio pintado del entrepaño, también en un tono gris, va bien tanto con el acero como con el mármol veteado.

# RESIDENCIA FREARS

Arquitecto: **Leone Design Studio**
Ubicación: **Nueva York, EE.UU.**
Fotografía: **Steve Williams**

Los arquitectos derribaron el laberinto de divisiones y techos bajos que constituía el anterior apartamento de dos habitaciones. La sencillez del nuevo plano minimiza el espacio de circulación, lo que supone un gran beneficio para este reducido apartamento. El techo se elevó lo máximo posible y se remató con paneles de abedul, que combinan con los acabados en madera clara de todos los armarios empotrados. Los suelos de madera se pintaron de azul grisáceo para contrastar. El empleo de materiales que contrastan, como el entrepaño en acero inoxidable acolchado y la variada gama de muebles, evitan que este sencillo diseño modernista caiga en el minimalismo.

31 Una pared de librerías empotradas, en la que los armarios de las estanterías están horadados por las aberturas de las ventanas, forma acogedores asientos que a la vez sirven de marco para las ventanas. La línea de armarios inferiores de puertas blancas hace un buen contraste con los libros.

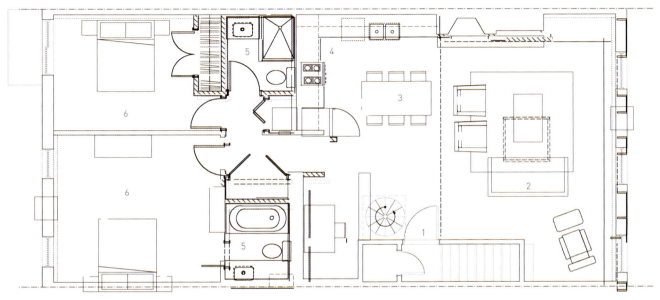

Planta

1. Entrada
2. Salón
3. Comedor
4. Cocina
5. Baños
6. Dormitorios

Aunque la decoración es bastante mínima, la variedad de acabados ayuda a evitar un interior demasiado frío. El acabado reflectante del entrepaño en acero acolchado resulta más acogedor de lo que sería una superficie lisa.

Los armarios y encimeras en madera de abedul guardan coherencia con los materiales usados en los baños, aunque aquí se complementan con piedra beige en la ducha dispuesta en trabazón y paredes pintadas de verde.

# BEL AIR

Arquitecto: **PTang Studio Limited**
Ubicación: **Isla Sur, Hong Kong**
Fotografía: **Philip Tang**

Los diseñadores dieron un aire clásico contemporáneo a este interior ligeramente recargado mediante una elegante combinación de colores de gran contraste. Uno tiene la impresión de que estas fotos están en blanco y negro hasta que se da cuenta de las tenues notas de color oscuro del cuadro floral o del verde oscuro de la planta. Y es que el tono monocromático y las molduras clásicas constituyen un telón fondo ceremonioso para el mobiliario oscuro, elegante y moderno. Al pasar al dormitorio, los colores se hacen más cálidos gracias al uso de marrones intensos y grises cálidos, mientras que los muebles se suavizan y enriquecen.

Los detalles adquieren relevancia cuando la combinación de colores es simple y el espacio permanece despejado. Aquí, el marco oscuro y recargado del espejo con apenas un toque dorado se encuentra en perfecto equilibrio con el cromo y el negro de la silla Breuers Wassily.

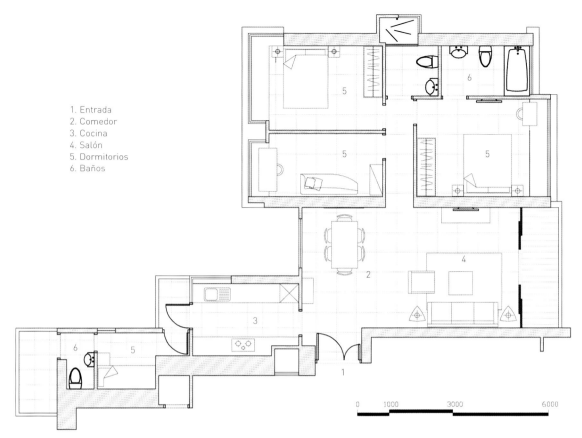

1. Entrada
2. Comedor
3. Cocina
4. Salón
5. Dormitorios
6. Baños

Planta

Una sencilla y refinada combinación de blancos y negros usada con rotundidad en todo el apartamento servirá para actualizar un interior antiguo y proporcionar gracia y elegancia. Sólo pequeñas notas de marrones oscuros y grises cálidos ayudan a refinar la paleta.

32

Aunque sencilla y elegante, la combinación de colores se anima un poco en el dormitorio, las texturas se enriquecen y las líneas se suavizan. La suave iluminación superior procedente de las molduras del techo se complementa con los espectaculares focos sobre las paredes.

# RP HOUSE

Arquitecto: **Filippo Bombace**
Ubicación: **Roma, Italia**
Fotografía: **Luigi Filetici**

Los planos flotantes de diferentes materiales, tamaños, grosores y orientaciones se superponen e intersectan en una convincente composición a lo largo de todo el apartamento. Donde es necesario, se usan paneles de cristal claro para permitir la separación visual de estos planos. Las complejas interacciones dan lugar a perspectivas sorprendentes. El gran muro de piedra que se prolonga a lo largo del recorrido principal desde la entrada frontal está compuesto por bandas horizontales pensadas para proporcionar relieve gracias a la potente luz procedente de los apliques instalados en los huecos del suelo y del techo.

Este apartamento se organiza en torno a un impresionante muro de piedra. La fuerte luz de los apliques instalados junto al muro hace destacar la textura y los materiales del mismo.

33

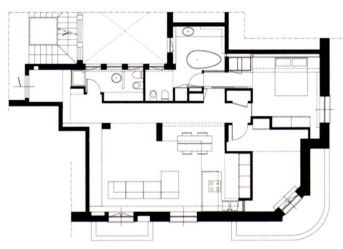

Planta

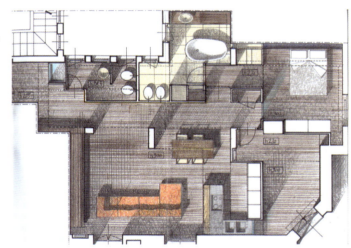

Esbozo de la planta

Las superficies paralelas de piedra, las transparencias, las telas bastas, los respaldos rectos de las sillas y los paneles de cristal se combinan para crear una composición maravillosamente equilibrada. Entre las superficies se deja entrever la bañera.

En el dormitorio, orientada hacia el baño, vemos una composición de planos de pared, techo y cristal (para cerrar la ducha) que se intersectan. Un panel de madera sirve de cabecero para la cama. La superficie cambia a piedra según se entra en la ducha.

# APARTAMENTO VANKE GLASS

Arquitecto: **CL3**
Ubicación: **Chengdu, China**
Fotografía: **Eddie Siu**

El espacio existente estaba libre de interrupciones por paredes estructurales, y permitió a los diseñadores explotar los temas de la fluidez, la transparencia y la superposición espacial. Los espacios se organizan alrededor de un aparador de cristal translúcido que forma una columna vertebral a lo largo del apartamento. La pared posterior de este aparador brilla gracias a su iluminación interior. Paneles de cristal completamente transparentes cierran el estudio, que comparte con el comedor una mesa y una pantalla pivotante de televisión.

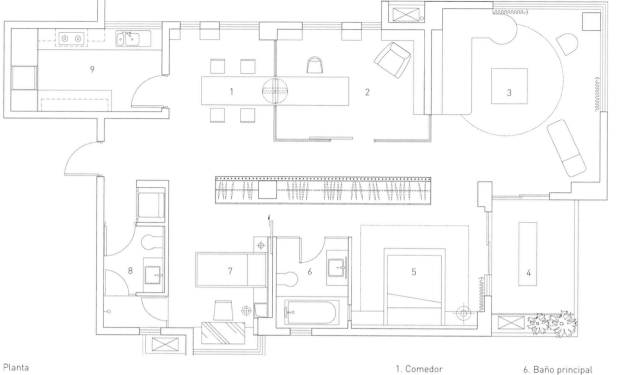

Planta

1. Comedor
2. Estudio
3. Salón
4. Balcón
5. Dormitorio principal
6. Baño principal
7. Dormitorio de los niños
8. Baño
9. Cocina

La mesa del comedor/estudio atraviesa un tabique de cristal, explotando el tema de la superposición espacial. Ambos espacios comparten una televisión giratoria.

Transparente, traslúcido, opaco, oscuro, tintado o brillante: el cristal se presenta de varias formas que funcionan muy bien en casi cualquier combinación.

34

El cristal translúcido, transparente y en espejos, junto a los acabados reflectantes del zócalo y de los marcos de cristal, combina armoniosamente aquí, en el salón.

# RESIDENCIA TSAI SOINGAO (3F)

Arquitecto: **CJ Studio**
Ubicación: **Taipei, China**
Fotografía: **Marc Gerritsen**

Esta residencia se diseñó para un cliente que ya se había construido tres casas para uso propio. El objetivo aquí era conseguir un diseño que expresase el lujo a través de las líneas. No obstante, con esta especie de minimalismo como característica definitoria, había que poner un especial cuidado en la materialidad de los elementos a usar: en este caso, las proporciones, las texturas y las superficies son premisas básicas para obtener un proyecto de alta calidad. En los espacios habitables, se observa un lenguaje geométrico formado por largos planos inclinados rematados en arcos radiales tanto en la larga serie de armarios bajos como en el techo esculpido.

El empleo de diferentes materiales en el suelo modifica el ambiente de un espacio. Aquí, las elegantes zonas habitables cuentan con un suelo de piedra liso, casi sin juntas, mientras que el dormitorio resulta más cálido gracias a un suelo de madera con bandas de colores variados.

35

Las ondas del techo se extienden desde el salón hasta el comedor y el estudio a modo de nexo entre las tres zonas. Las mismas geometrías se encuentran en los armarios.

El dormitorio principal se encuentra separado del baño tan sólo por una sencilla lámina de cristal que va del suelo hasta el techo. El uso de diferentes materiales en ambos espacios brinda una mayor separación visual que el propio cristal.

# APARTAMENTO EN DORNBIRN

Arquitecto: **Salzmann Architektur**
Ubicación: **Dornbirn, Austria**
Fotografía: Ignacio Martínez

Este pequeño ático se encuentra en un edificio que había sido con anterioridad el taller de un herrero. No hace falta decir que el diseño se vio influido en gran medida por las claras limitaciones impuestas el techo inclinado. La forma del tejado reduce mucho la superficie útil, pero al mismo tiempo crea una sensación de amplitud. Los tragaluces a ambos lados del apartamento lo inundan de luz natural. Están situados entre las vigas rústicas de la vieja estructura del techo. Y como se elevan por encima de la superficie del tejado, proporcionan un poco más de valiosa altura.

En un ático, siempre hay que aprovechar las posibilidades de los tragaluces. Este espacio está bien bañado por la luz natural procedente de dos largas hileras de ventanas dispuestas a cada lado del espacio.

36

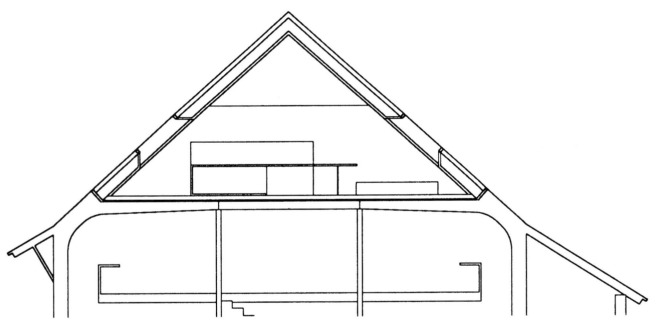

Sección de la primera planta

Aquí se aprecia toda la extensión de este minúsculo ático, incluida la cocina y, más atrás, el dormitorio. ¿Están esas caprichosas nubes de algodón que se recortan contra el cielo azul en lo alto del techo?

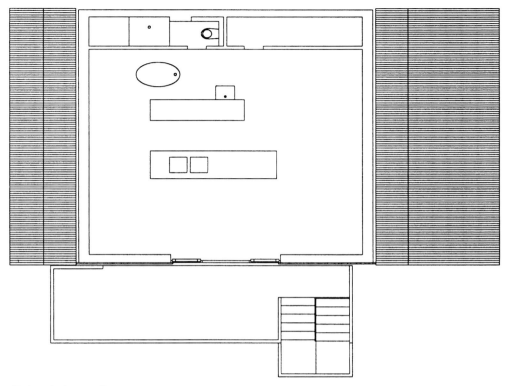

Cocina: planta y sección

El contraste entre lo rústico y lo refinado puede funcionar muy bien. Aquí, la rústica bañera-tonel de madera crea una magnífica composición con la elegante y moderna grifería. Y el brillo del yeso pulido de la pared posterior contrasta con los paneles rugosos de madera prensada de la pared delantera.

37

# HOMAGE HILL

Arquitecto: **One Plus Partnership**
Ubicación: **Hong Kong**
Fotografía: **Virginia Lung**

El plano abierto es la base principal del diseño de este apartamento. Una banqueta continua se extiende a lo largo de la pared, desde el comedor hasta el salón. El uso generalizado de superficies con espejos, incluso en el techo, pretende aumentar la sensación de amplitud. Los numerosos espejos y las superficies brillantes y cromadas crean una atmósfera rica y un tanto sofisticada. También abundan las superficies inclinadas. El plano inclinado del techo verde se cruza con un elemento lineal de iluminación. El espejo del baño se inclina para orientarse hacia el baño o hacia el dormitorio.

Planta

En la cocina, una gran superficie inclinada ce
espejo refleja una parte del techo. El techo oscuro
y la iluminación espectacular proporcionan un
aire elegante al interior

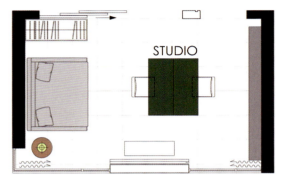
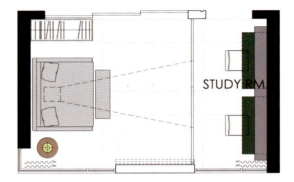

Dormitorio de invitados y estudio con puerta corredera

Los numerosos espejos y el contraste de claroscuros, junto con una sorprendente iluminación y un elegante mobiliario modernista, configuran el ambiente de este salón. El banco a lo largo de la pared sirve para sentarse a la mesa del comedor que hay al fondo.

Abrir completamente el baño principal al dormitorio impide que aquel se convierta en un armario cerrado y estrecho, y también añade interés a la habitación.

38

# 7 ESCULTURAS

Arquitecto: **Gus Wüstemann**
Ubicación: **Zurich, Suiza**
Fotografía: **Bruno Helbling**

Este apartamento era originalmente el estudio de una escuela de pintura, una sala espaciosa con mucha luz. Los diseñadores lo vaciaron completamente para quedarse con la estructura original, buscando espacio y luz, y concibieron siete «esculturas»: nuevos objetos con los que jugar y crear diferentes situaciones. Cada «esculturas» es un elemento del proyecto que contiene paneles deslizantes de diferentes tipos y ranuras de luz. Cuando los paneles se deslizan para conectar las «esculturas», surgen diferentes espacios para vivir. Al tratarse de esculturas y no de habitaciones, se dispone de la máxima cantidad de espacio, y éste es utilizable todo el día.

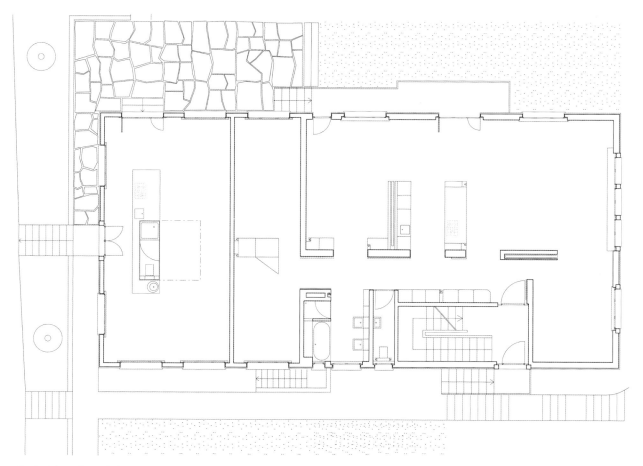

Planta del apartamento 1

Aquí se pueden ver cinco de las siete «esculturas» a lo largo del pasillo. A derecha e izquierda, se pueden ver las características hendiduras verticales de luz en los armarios. La línea de raíles del suelo indica por dónde se desplazan las paredes deslizantes.

Una de las «esculturas» de la cocina flota frente a una bonita ventana en forma de arco. Las «esculturas» se agrupan en el centro, alrededor del pasillo, dejando intactas las características aberturas exteriores.

Gracias a las grandes paredes móviles y demás elementos, el espacio se puede modificar a voluntad y en diferentes momentos del día según las necesidades. La pesadas paredes móviles hasta el techo brindan también cierta separación acústica.

39

# VIVIR CON PLANTAS

## 41

Las plantas son ese «otro» elemento del diseño: no suelen cubrir ninguna necesidad funcional, como los muebles; ni están ahí para ser atendidas, como las personas; pero, aún así, son habitantes vivos de la casa.

## 42

Las plantas se pueden usar para crear una pantalla verde, sobre todo en el exterior, en el balcón, en donde podrían brindar un poco de intimidad a una ventana de baño contigua.

## 43

Es importante tener claro el uso que se va a dar a una planta. Podría tratarse de una maravilla exótica, como algún extraño cactus oportunamente colocado en un pedestal para ser admirado. Si es así, no lo oculte. Es «arte vegetal».

## 40

Con las plantas se puede formar una barrera vegetal compacta. Rellene con turba un armazón de tela metálica o una valla y plante distintas especies, como bromelias, orquídeas o enredaderas. Esto va bien para cubrir la pared vacía de un pozo de ventana estrecho.

VITAMIN

GALERIA JOAN GASPAR

LIGNE ROSET

## 44

La maceta forma parte de la composición junto con la planta, y constituye un elemento más del diseño. Las macetas deberían considerarse no sólo con respecto a las demás, sino también con respecto al diseño y la combinación de colores del apartamento.

## 45

En terrazas y balcones expuestos al viento, las hierbas ornamentales resisten bien y quedan bonitas meciéndose adelante y atrás.

LIGNE ROSET

## 46

En algunos casos, es preferible disimular las macetas y las jardineras integradas en el edificio con los mismos materiales de las paredes o el suelo.

## 47

Para cada planta hay que tener una idea clara y concreta de su emplazamiento en la vivienda y de su aportación al diseño.

## 51

Las plantas pueden formar una pantalla con el fin de definir espacios, pero también se pueden usar para filtrar la luz procedente de ventanas y tragaluces.

## 48

Las plantas podrían considerarse obras de arte, pero se usan sobre todo para crear paisajes en vez de ser el centro de atención. Son más el papel pintado que la obra de arte sobre la pared.

## 49

Incruste una jardinera en el suelo del apartamento, con la tierra a ras de suelo para conseguir un aspecto más limpio. También conseguirá dar la impresión de encontrarse en el exterior, con las plantas brotando del suelo.

## 50

Una planta más grande cuidadosamente situada dentro o fuera de la ventana puede cambiar el ambiente de una habitación.

## 52

Un puñado de plantas situadas en las esquinas siempre dará la sensación de descuido.

# SOMOS UNA FAMILIA

# APARTAMENTO EN LA 5ª AVENIDA

Arquitecto: **WORKac**
Ubicación: **Nueva York, EE.UU.**
Fotografía: **Adam Friedberg**

La renovación de este apartamento de cuatro dormitorios se llevó a cabo para una coleccionista de muebles y arte contemporáneo cuyo anterior apartamento se había inundado. Ella y su familia se vieron obligadas a buscar y reformar un nuevo apartamento de alquiler lo más rápidamente posible, pero se propusieron no llevar su colección a un entorno banal. Las zonas públicas de la vivienda están definidas por un suelo de vinilo en tres colores y con grandes círculos blancos insertados del mismo material, dispuestos para enfatizar determinadas zonas o piezas. Cada dormitorio está pintado de un solo color (incluso el techo) coincidiendo con el de la moqueta.

En el salón, en donde destaca una «cabaña» de los hermanos Bouroullec, el suelo es de vinilo rojo. El azul saturado de los marcos se complementa con los colores primarios de los muebles.

El suelo de la entrada está revestido en vinilo negro con grandes círculos blancos insertados realizados con el mismo material. WORKac diseñó el papel de pared en blanco y negro, que reitera el estampado del suelo y, del mismo modo que las pinturas en los dormitorios, cubre también el techo.

1. Entrada/vestíbulo
2. Salón
3. Habitación de la hija
4. Cocina
5. Habitación de la niñera
6. Oficina
7. Comedor
8. Dormitorio del hijo
9. Habitación principal

Planta

Se puede usar un círculo (o un cuadrado o un triángulo) en el suelo, en un color que contraste con el resto, para enfatizar determinado espacio, como si fuera una alfombra. En este apartamento, los círculos de color se han diseñado para llamar la atención sobre ciertas piezas del mobiliario.

53

# LOFT EN TEL AVIV

Arquitecto: **Alex Meitlis Architecture and Design**
Ubicación: **Tel Aviv, Israel**
Fotografía: **Yael Pincus**

Mientras que la mayoría de los espacios para vivir/trabajar están orientados a personas que trabajan solas o con muy poca gente externa, este loft combina las oficinas de una empresa de varios empleados y la vivienda del propietario. Esta situación crea unas necesidades ligeramente diferentes: la zona residencial del loft debe poder cerrarse desde la oficina; se requiere un cuarto de baño independiente; en general, se produce una menor superposición del uso del espacio, y la entrada tiene que ser doble. Este plano lo logra con elegancia.

En un apartamento para vivir y trabajar, las zonas destinadas a ambas funciones se pueden separar mediante paredes acristaladas que permitan que fluya el espacio a la vez que proporcionan separación acústica y control del acceso a la zona residencial.

54

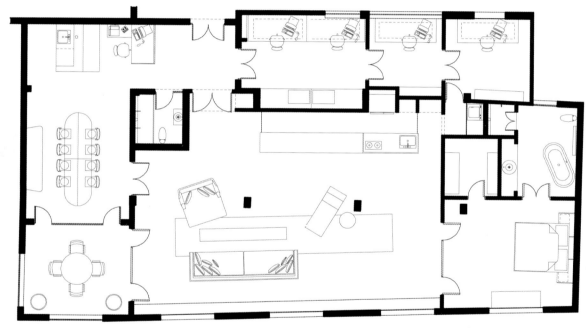

Planta

Las puertas y ventanas de cristal con marcos de acero se usan en el interior para separar la oficina y la residencia, a la vez que permiten una conexión visual. Pero también se usan ventanas idénticas entre el dormitorio y el espacio principal.

# WEST VILLAGE

Arquitecto: **Vicente Wolff Associates**
Ubicación: **Nueva York, EE.UU.**
Fotografía: **Vicente Wolff**

En este apartamento, el diseño está en el mobiliario. La arquitectura permanece en un segundo plano casi por completo, excepto por unos cuantos elementos, como la chimenea. Las paredes y el techo se han pintado de un blanco uniforme que disimula la composición espacial y dirige la atención enteramente a los muebles, los enseres y el arte. El mobiliario es una mezcla equilibrada de moderno y antiguo, ligero y pesado, brillante y oscuro.

Mezclar muebles de diferentes estilos exige un especial cuidado, pero se pueden conseguir resultados magníficos. Sin embargo, por muy diferentes que sean los estilos de las piezas, siempre deberían tener algo en común, como por ejemplo el color, el peso, la forma o el diseño.

55

En una estantería integrada se exponen antigüedades y libros. La silla china antigua y la silla moderna de cable cromado tienen elementos comunes, como la verticalidad y la ligereza de los materiales.

# APARTAMENTO N

Arquitecto: **Studio Damilano**
Ubicación: **Cuneo, Italia**
Fotografía: **Michele de Vita**

El diseño de este apartamento de dos dormitorios se caracteriza por su luminosidad y la predominancia del blanco. En el diseño se emplean varios paneles divisorios. El más llamativo, hecho de cristal y rodeado de un grueso marco blanco, sirve para separar el salón del comedor, que a su vez se resguarda de la entrada gracias a un enrejado de madera. Los suelos de madera oscura y la mesa del comedor contrastan con el resto. La mayoría de las superficies son claras, como la arenisca usada en la cocina y el cuarto de baño.

Evite que la puerta de la entrada principal dé directamente al salón mediante una pantalla de madera a modo de división intermedia. Esto le proporciona la suficiente separación para dar la sensación de entrada, a la vez que crea un espacio de recibidor.

56

Gracias al uso de divisiones de cristal sin marco en el cuarto de baño (un lugar a menudo cerrado y dividido) se consigue que el espacio parezca mayor. Mantenga las líneas continuas a lo largo del espacio, como el tocador que se convierte en una repisa.

57

Planta

# SONGAO 2F

Arquitecto: **CJ Studio**
Ubicación: **Taipei, China**
Fotografía: **Marc Gerritsen**

El blanco, el gris y el negro definen el tono general de un proyecto en el que el principal reto consistió en unir la entrada con el patio trasero. La solución pasaba por construir un pasillo entre ambos que conectase el salón, el estudio y el jardín trasero. De forma sinuoso y serperteada, este pasillo sirve no sólo para animar el espacio, sino también para introducir luz natural. Las paredes interiores se ampliaron hasta el exterior y los materiales del suelo se uniformizaron dentro y fuera para extender el espacio más allá de sus límites físicos.

La colección de muebles del propietario presenta tonos oscuros y características esculturales: el acompañamiento perfecto para la arquitectura blanca minimalista. La mesa del comedor, en primer plano, tiene una superficie hecha a base de lentes ópticas.

Las superficies de la pared y el techo, que se prolongan más allá de la puerta acristalada sin marcos, son una excelente manera de conectar visualmente el interior y el exterior.

58

Un grueso bloque de granito sirve de encimera en la cocina, con un hueco para el fregadero hábilmente tallado en su superficie. Otro fregadero para los platos, algo más clásico, se puede ver al fondo.

# RESIDENCIA EN NY CITY

Arquitecto: **Rios Cementi Hale Studios**
Ubicación: **Nueva York, EE.UU.**
Fotografía: **Michael Moran**

Se le pidió a los diseñadores que reconfiguraran este apartamento en Madison Avenue con el fin de aumentar la luz natural, dar más volumen al espacio y acomodar la impresionante colección de arte moderno del cliente. Para conseguir un espacio abierto, se eliminaron las paredes del salón y se elevó al máximo el techo. La ecléctica mezcla de arte moderno, mobiliario contemporáneo y antigüedades del cliente resalta sobre las paredes de yeso coloreado a espátula y pulido con laca a la piedra pómez que se compensa con el blanco.

Cree un falso techo en medio de la habitación para crear un espacio para albergar una luz que proporcione iluminación indirecta. Este plano del falso techo también puede representar una forma escultural que contrasta con los planos de las paredes.

59

Páginas 260-61. Una pared de bronce y cristal separa el comedor del estudio, que presenta un suelo tradicional de parqué y estarterías integradas. Una columna revestida de hojas plateadas en un marco ovalado añade un elemento escultural al salón.

Bancos, estanterías y banquetas están dispuestos a lo largo de todo el apartamento, añadiendo textura y profundidad al espacio abierto. La mayor parte de este mobiliario (como las banquetas integradas, la alfombrilla del salón, la mesa del comedor y las mesitas) también fue diseñado por los arquitectos.

# RESIDENCIA HOUCHHAUSER

Arquitecto: **Cho Slade Architecture**
Ubicación: **Nueva York, EE.UU.**
Fotografía: **Jordi Miralles**

La fusión en uno de dos apartamentos de los años 60 exigía una completa renovación interior y la reorganización del espacio. El resultado es un plano con tres áreas diferenciadas: la zona común, que incluye el salón y la cocina; la zona familiar, que engloba los dormitorios y un segundo salón, y la zona privada, que contiene una oficina y el balcón. Los diseñadores se enfrentaron en primer lugar a la dicotomía de cómo crear la sensación de espacio y apertura sin sacrificar la intimidad, una necesidad importante para la familia.

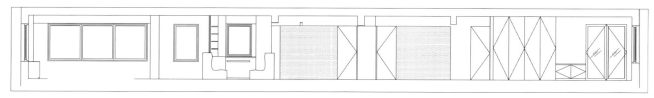

Alzado del salón/comedor

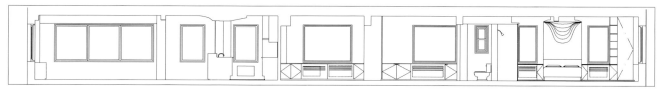

Alzado este: habitación familiar, cocina, dormitorio principal

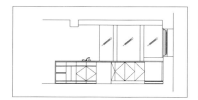

Alzado sur de la cocina

Alzado sur de la cocina y sala de desayuno

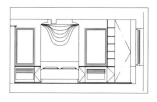

Alzado este del dormitorio principal y cuarto de baño

Una serie de ventanales que se extiencen a lo largo de las dos fachadas del salón proporcionan estupendas vistas urbanas de Nueva York. La luz natural que aportan llega a casi todo el apartamento.

Planta

Un elemento ligeramente más elevado, que se distingue de los armarios de la cocina por su color oscuro, proporciona una separación visual para esta estancia. Los paneles deslizantes de cristal translúcido aportan otra separación.

La necesidad es la madre del ingenio 1: Esta columna de cristal oscuro recuerda vagamente al metal. Pero si se observa de cerca, se pueden ver los sólidos desagües del interior, que se dejaron en su sitio por ser inamovibles.

60

61 La necesidad es la madre del ingenio 2: Aquí, un dosel integrado curvo de yeso pulido rodea la cama a la vez que oculta otras instalaciones y proporciona un lugar para instalar la iluminación indirecta de la habitación.

# LOFT GRAY

Arquitecto: **Work AD**
Ubicación: **Nueva York, EE.UU.**
Fotografía: **Paul Warchol**

Este espacio está lleno de ingeniosas ideas, empezando por el exclusivo «plano invertido» en virtud del cual el espacio destinado a la circulación rodea el perímetro y permite disfrutar de las vistas mientras los dormitorios permanecen cerrados en una «caja» interior. Aquí funciona debido a las grandes puertas dobles que abren los dormitorios a la galería de circulación. El falso techo de malla metálica cumple diferentes funciones: define el espacio, oculta los conductos y tuberías y permite instalar la luz indirecta. La cama plegable ahorra espacio y se guarda en un armario. Cuando se abre el armario y la cama se despliega, se obtiene una habitación de invitados.

## 62

El falso techo de malla metálica cumple diferentes funciones: puede ayudar a definir el espacio; puede usarse para ocultar las conducciones y dispositivos a la vez que permite la circulación del aire que necesitan los sistemas de calefacción y aire acondicionado, y se pueden colocar luces en él para iluminar hacia abajo a través de la malla o hacia arriba para que la luz se refleje en el techo.

Obtenga rápidamente una habitación de invitados con un panel/puerta que bascule para crear una pared y abrir la cama plegable Murphy. Ésta se encuentra en el espacio de circulación de este apartamento exclusivo.

## 63

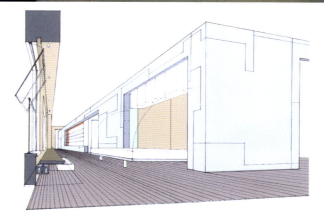

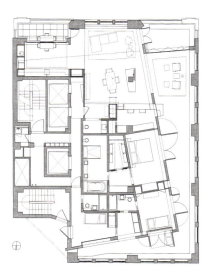

Planta

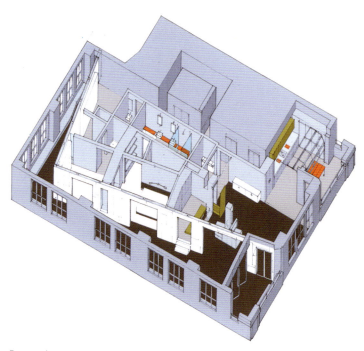

Perspectiva

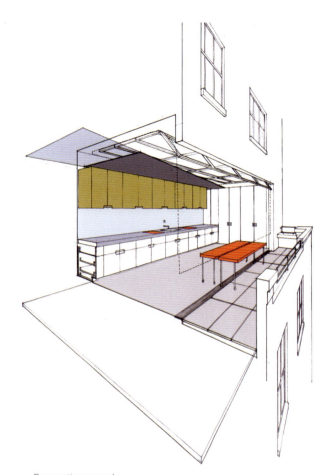

Perspectiva general

Para aprovechar mejor las terrazas exteriores, existen aberturas que permiten que el interior se abra completamente a la terraza mediante puertas que se repliegan o se deslizan totalmente hacia un lado o hacia arriba.

64

La puerta de la cocina se recoge completamente para permitir la integración total del interior y el exterior. El mismo efecto se consigue en la otra terraza gracias a una puerta de acordeón que se pliega sobre un lateral.

# UPPER EAST SIDE

Arquitecto: **Vicente Wolff Associates**
Ubicación: **Nueva York, EE.UU.**
Fotografía: **Vicente Wolff**

En este apartamento encaja bien un mobiliario cómodo y ecléctico. Las piezas modernas contrastan con los confortables muebles familiares. Sobre una alfombra de cuero arrugado se encuentra una colección de sofás y sillas familiares y de aspecto muy cómodo. La chimenea que tiene enfrente es elegante, mínima y está recortada en acero inoxidable. En la cocina, los enseres sencillos y modernos y la campana de acero inoxidable contrastan con los armarios de puertas de paneles y con los tiradores. Hay suficiente espacio alrededor de las piezas para que el espacio no resulte recargado.

Un gran espejo puede amplificar un espacio, como éste con marco en una pared del salón. Enmarcar el espejo ayuda a evitar la confusión visual de una pared de espejo sin marco, y no resulta tan frío e impersonal.

65

Los utensilios de acero inoxidable y los armarios acabados en madera clara son los principales elementos del diseño de esta cocina, que combina, como todo el apartamento, lo tradicional y lo mocerno.

# LOFT FORBES

Arquitecto: **Charles Store**
Ubicación: **Nueva York, EE.UU.**
Fotografía: **Michael Moran**

Este es un loft industrial poco corriente, pues cuenta con ventanas al exterior en las cuatro fachadas y una superficie relativamente ancha en vez de larga y estrecha, como son la mayoría de los lofts industriales en Nueva York. Por ello, los arquitectos han tenido que seguir una estrategia diferente al trazar los espacios: una larga pared de armarios y librerías divide el espacio aproximadamente a la mitad, con las habitaciones y las estancias privadas a un lado y el salón al otro. Cada una de estas zonas cuenta con su propia circulación interna, paralelas las unas a las otras.

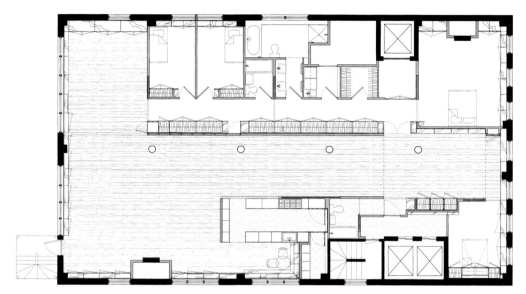

Planta

Una gran pared deslizante cambia de pública a privada la zona usada como estudio/sala de estar, convirtiéndola en el lugar perfecto para una habitación extra de invitados.

Las librerías, que dejan ver la variedad de texturas y colores de los libros, pueden configurar una interesante pared. En este proyecto, las estanterías forman parte de los espacios abiertos del salón.

66

Alzado

Una amplia entrada recorre todo el loft mostrando los dos principales acabados: suelos de madera oscura y paredes y techos pintados de blanco. El falso techo coincide con la anchura de las librerías.

# APARTAMENTO EN BRUSELAS

Arquitecto: **Bouquelle-Popoff Architects**
Ubicación: **Bruselas, Bélgica**
Fotografía: **Laurent Brandajs**

Este apartamento de planta abierta en un edificio industrial del siglo XX rehabilitado conserva sin duda todo su carácter industrial. El aspecto más destacado del plano es que el espacio gira en torno a un gran patio interior. La forma de donut que se obtiene es fundamental en su distribución. El patio también proporciona una gran fuente de luz natural. En realidad, no hay puertas que separen los espacios (excepto los cuartos de baño), sino que se recurre a combinar armarios de pared flotantes con este patio interior para conseguir cierto grado de independencia.

Páginas 304-5. En la cocina, una puerta de acordeón se abre frente a una biblioteca para mostrar una de las pocas notas de color de este monocromático diseño. La pintura blanca cubre todas las demás superficies.

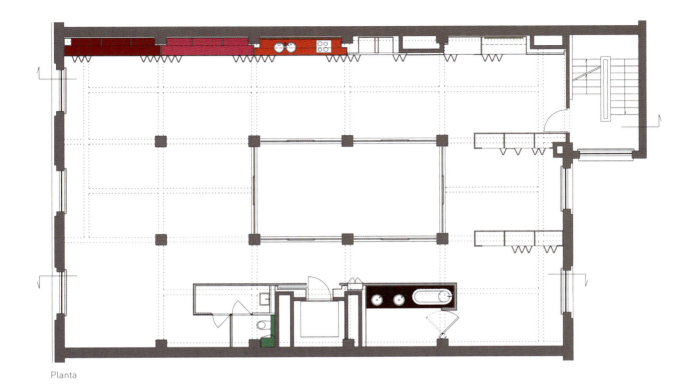

Planta

En un apartamento abierto, puede llegar a sentir la necesidad de hacer algo con respecto al inevitable desorden de la cocina. Esconder las encimeras tras puertas de la estructura ayudará a mantener el espacio visualmente despejado.

67

¿Qué es pared y qué es armario? Estas paredes han sido trabajadas para que se pareciesen a los armarios adyacentes, formando un todo uniforme. Si se reserva la parte superior de la pared/armario, ese espacio puede usarse para la iluminación indirecta.

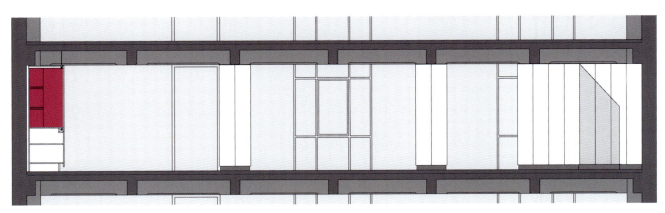

Sección de la cocina

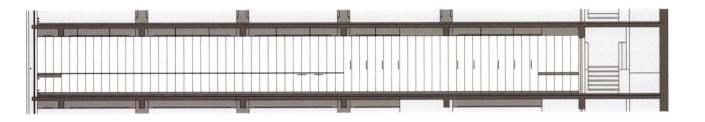

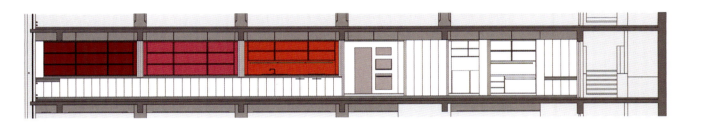

Alzados

# VIVIR CON NIÑOS

## 68

Deje participar a los niños en el proceso del diseño. Tienen la mente abierta y una creatividad innata, así como una frecuente pasión por hacerse escondites y cabañas con los cojines del sofá.

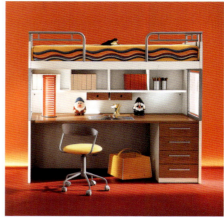

## 70

Las pizarras y las tizas de colores permitirán al niño redibujar constantemente su entorno. Algunos padres incluso animan a sus hijos a pintar directamente en la pared, y así la habitación se puede volver a pintar cualquier momento.

## 71

Evite el error de abusar de los motivos infantiles en la decoración de la habitación del bebé. Probablemente crezca en menos tiempo de lo que le va a llevar diseñarla. Por el contrario, unas grandes y sencillas franjas de colores intensos le durarán muchos años.

## 69

Sitúe juntas las habitaciones de los niños, tal vez con una zona común de juego entre ellas a modo de entrada amplia. También sería estupendo para ellos contar con luz natural y un acceso directo al exterior.

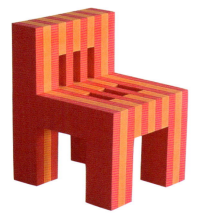

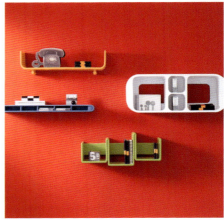

## 72

Use los juguetes para decorar las habitaciones de los niños. Tienen llamativos colores y, de todos modos, siempre van a quedar tirados por aquí y por allá. Y, por supuesto, van cambiando a medida que los niños crecen.

## 73

Los armarios amplios y demás zonas de almacenaje en la habitación de los niños ayudarán a que sea más fácil mantener un aire sereno y actual. Estudie la posibilidad de colocar un armario en la cocina o en el salón reservado sólo para las cosas de los niños que se acumulan por ahí.

## 74

La palabra clave cuando hay niños es «cambiar». Planifique esos cambios haciendo que los espacios sean flexibles. Lo que hoy es el cuarto de los niños tendrá una nueva función mañana. Quizá, un despacho. Un niño de tres años se convierte enseguida en un adolescente.

## 76

Las grandes hojas de cristal hasta el techo, especialmente en puertas correderas, deben ser de vidrio templado de seguridad. Todo el cristal al alcance de los niños debería ser vidrio de seguridad. Imagine a un niño corriendo a toda velocidad hacia el cristal. Puede ocurrir.

## 75

Los niños pequeños son especialmente susceptibles a las toxinas del ambiente. Tenga especial cuidado con los acabados sintéticos o con la exposición a maderas o materiales de construcción que hayan sido tratados.

## 77

Piense desde el principio en la seguridad del niño. Los estilos modernos y minimalistas a menudo tienen elementos peligrosos, como barandillas abiertas por las que podría colarse un niño. Los remiendos de última hora suelen quedar horribles.

# VIVIR EN UN SUEÑO

# LOFT LIBESKING

Arquitecto: **Alexander Gorlin Architects**
Ubicación: **Nueva York, EE.UU.**
Fotografía: **Michael Moran**

Este apartamento está concebido en función de las espectaculares vistas de la ciudad, de las que disfruta en abundancia gracias a las grandes ventanas panorámicas que hay en dos de sus lados de su planta casi triangular y a las más pequeñas en el tercer lado. Las principales estancias y el dormitorio principal están orientados hacia los ventanales, y todos prácticamente todos los espacios son exteriores, incluso los cuartos de baño y la cocina. El cuarto de baño principal, sin embargo, es interior. Pero para disfrutar de las vistas, el baño y la ducha se pueden abrir al salón mediante una mampara de cristal que va hasta el techo.

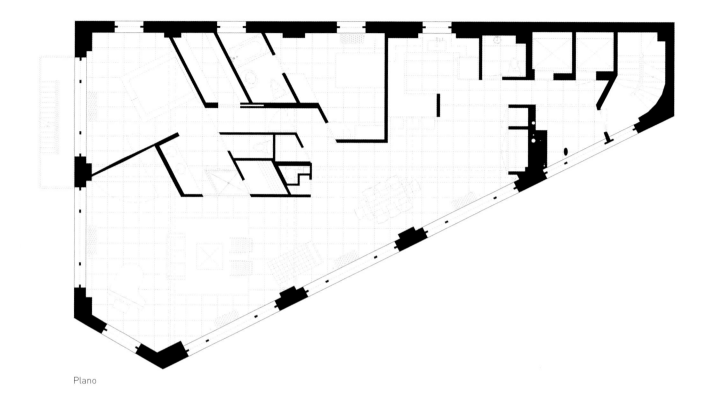

Plano

La geometría de las divisiones interiores, que forma ángulos con el ventanal principal, configura los espacios del salón y el comedor, así como el dormitorio principal.

Un gran panel pivotante revestido de metal se abre (o cierra) entre el dormitorio principal y el salón. Esto permite disfrutar de vistas panorámicas en ambos espacios.

El cuarto de baño puede ser un spa con vistas y abierto a los espacios más amplios. La intimidad, cuando uno siente que la necesita, se puede brindar de un modo temporal: no es apropiado tener invitados en casa a la hora de la ducha.

78

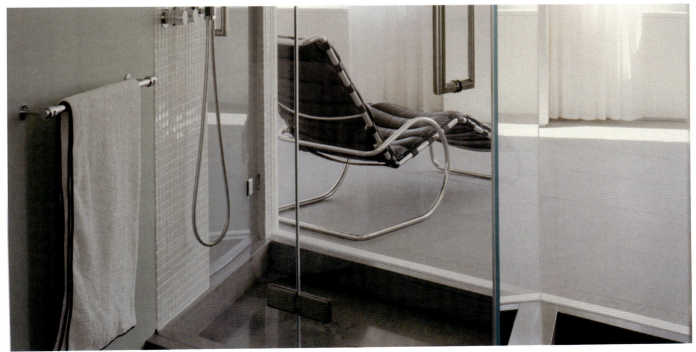

# LOFT NO-HO

Arquitecto: **Slade Architecture**
Ubicación: **Nueva York, EE.UU.**
Fotografía: **Jordi Miralles**

Este loft se diseñó para una pareja de fotógrafos neoyorquinos. Los techos altos y la ausencia de excesivos tabiques lo convierten en un apartamento espacioso en el que destacan las columnas corintias de hierro fundido. El tamaño del loft hace posible dividir correctamente las diferentes zonas según su función. Como todas las ventanas se encuentran en la fachada, la vivienda se organizó para garantizar la menor obstrucción posible de la luz natural. La estética, con un ecléctico surtido de muebles y acabados que van de lo muy cuidado a lo completamente basto, pone la nota alegre dentro del caos visual.

El blanco hospital está muy manido. Pero a veces, como en este apartamento, en donde hay una amplia variedad de acabados antiguos contradictorios (las columnas corintias, la aspereza del ladrillo, el viejo techo de metal, las tuberías y aspersores y los nuevos tabiques de *drywall*), la uniformidad del blanco puede proporcionar cierta unidad visual.

79

La amplia gama de materiales, colores y acabados combina sin resultar demasiado recargada o caótica. Las paredes, techos, columnas y tuberías presentan cierta unidad gracias a la pintura blanca.

# APARTAMENTO EN MELBOURNE

Arquitecto: **Greg Gong**
Ubicación: **Melbourne, Australia**
Fotografía: **John Gollings**

El arquitecto responsable de esta renovación decidió dejar a la vista las vigas y columnas de hormigón y las paredes del salón. En el dormitorio, las divisiones quedan ligeramente separadas del techo para que aparezca todo él como una superficie continua. Claraboyas de cristal sin marco cubren los huecos que hay entre la parte superior de las paredes y el techo. Se desarrolló un lenguaje de planos de paredes y planos de techos que flotan sobre el hormigón estructural que permite distinguir con claricad entre la estructura existente y la nueva intervención.

Da rienda suelta a la materialidad. No todas las superficies tienen que ser lacadas y brillantes. Estas láminas de acero en bruto (pág. 340) mantienen las marcas azules del calor del soplete a lo largo de los extremos de la pátina oxidada.

80

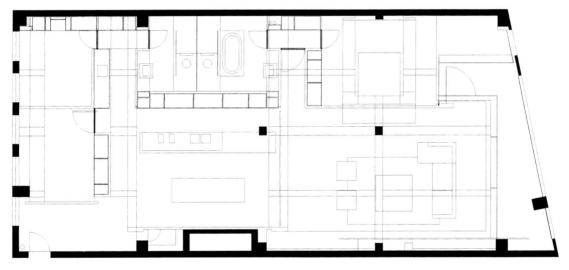

Planta

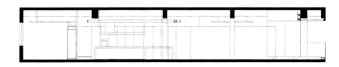

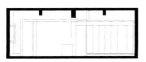
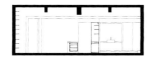
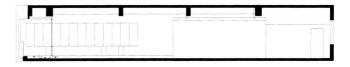

Secciones

## 81

Si deja a la vista los materiales en bruto de la estructura del edificio, como aquí, por ejemplo, las columnas de hormigón y los techos, trace una distinción entre ellos y las nuevas paredes y techos haciéndolos flotar ligeramente a cierta distancia de la estructura existente.

# APARTAMENTO CINEMA

Arquitecto: **Brunete Fraccaroli Arquitetura e Interiores**
Ubicación: **São Paulo, Brasil**
Fotografía: **João Ribeiro**

Éste es un espacio diseñado específicamente para los aficionados al cine. La principal intervención consistió en el espectacular entresuelo de cristal que contiene el dormitorio principal y el pequeño estudio del propietario. El nivel inferior alberga los espacios públicos, entre los que se encuentran el salón, la cocina y una zona audiovisual. La decisión de conservar las paredes de ladrillo, .as columnas y las vigas de hierro de la estructura original confiere al diseño una sensación de tranquilidad y estabilidad. Y constituyen un magnífico contraste con los paneles de cristal tintado.

¡Genial! Si una división de cristal puede hacer que un apartamento parezca más abierto, ¿por qué no un suelo de cristal? El dormitorio cuenta con un suelo estructural de cristal y una balaustrada también de cristal. Esto ayuda a mantener abierto este espacio de doble altura sin ocultar las magníficas arcadas.

82

Los azulejos de vidrio son un material poco habitual para grandes extensiones en el suelo del salón de un apartamento, pero aquí consiguen un perfecto equilibrio entre los elementos más rústicos y los más refinados del diseño.

83 El aire rústico que confieren los materiales originales del espacio (paredes de ladrillo, columnas de hierro fundido y vigas de acero) se equilibra con el brillo de los refinados acabados, gracias especialmente al uso generalizado del cristal en toda la rehabilitación.

# APARTAMENTO EN HILLINGDON PLACE

Arquitecto: **David Hicks**
Ubicación: **Melbourne, Australia**
Fotografía: **Trevor Mein**

Este apartamento, resultado de la renovación de la tercera planta de una vieja fábrica de chocolate, está muy influido por dos de las características originales del edificio: el espacio libre de su plano abierto industrial y la altura de sus techos. El diseñador tuvo que enfrentarse al problema que suelen presentar este tipo de espacios: la fuente de luz natural es limitada y se reduce a un único lugar. Aquí, una vez más, el plano abierto fue la solución. El armario que funciona a modo de división entre el dormitorio y el salón se mantiene separado del ventanal para permitir que ambos espacios compartan su luz.

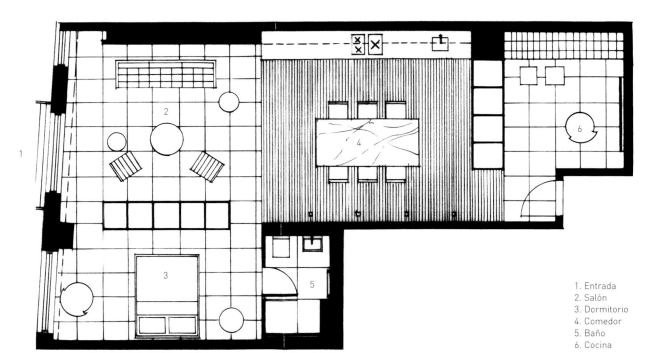

Planta

1. Entrada
2. Salón
3. Dormitorio
4. Comedor
5. Baño
6. Cocina

## 84

Allí donde haya que levantar el suelo (en este caso, para los desagües), aproveche el espacio que queda vacío para instalar alguna iluminación destacada hacia arriba. Las luces deben colocarse siempre en relación con una pared.

La potencial claustrofobia de este diminuto cuarto de baño se mitiga gracias a la mampara de cristal claro para la ducha y el gran espejo que cubre una pared.

# LOFT GERSHON

Arquitecto: **Jeff Etelemaki Design Studio**
Ubicación: **Nueva York, EE.UU.**
Fotografía: **Steve Williams**

Construido en un viejo loft comercial del distrito Flatiron de Nueva York, este apartamento planteó a los diseñadores el reto de cómo hacer habitable este espacio tan alargado. La solución se encontró en la disposición de los espacios principales. La zona central de almacenaje, construida con paneles de madera, ayuda a separar las diferentes zonas. La cocina y el salón se encuentran en medio, mientras que el dormitorio ocupa un extremo y una zona de lectura, rodeada por una librería en forma de U, el otro.

Una pared deslizante de cristal oscuro permite que la luz natural procedente de la parte frontal equilibre la luz de las ventanas centrales del apartamento. La estructura portante de acero oscuro crea una elegante cuadrícula en contraposición al blanco del cristal.

La mayor parte de la luz artificial de este apartamento procede de lámparas y focos cuidadosamente destinados a iluminar piezas de arte. Es una buena manera de proporcionar una iluminación general porque es indirecta pero, a la vez, enfatiza el arte.

85

Planta

# LOFT PARA UN JOVEN EJECUTIVO

Arquitecto: **Brunete Fraccaroli Arquitetura e Interiores**
Ubicación: **São Paulo, Brasil**
Fotografía: **Tuca Reinés**

La simple y rigurosa claridad del plano no revela nada de la riqueza del diseño de este apartamento: un único volumen rectangular que alberga el salón y el dormitorio, mientras que otro espacio estrecho y de la misma longitud conforma la cocina y un despacho. El espacio cobra interés a raíz de la rica variedad de acabados cálidos y sensuales. El cristal se combina en una amplia variedad de formas: verde, claro, estampado, translúcido, en espejos. Una estera cubre todo el espacio del salón y el dormitorio, mientras que en el cuarto de baño y la cocina el suelo es un mosaico abigarrado de azulejos verdes.

Al igual que el espacio principal de este apartamento, el cuarto de baño se sitúa sobre un eje simétrico con una gran bañera de madera como centro de atención. El ambiente está definido por paneles verdes de cristal que se extienden por la parte superior.

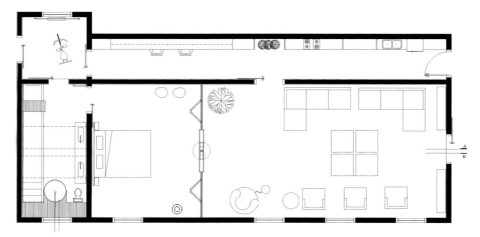

Planta baja

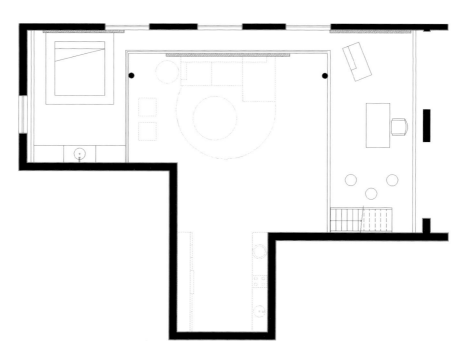

Primera planta

El arte no consiste sólo en obras colgadas de una pared. Puede ser una parte integral de la arquitectura. Este «ojo» descomunal decora la pared del dormitorio principal. Pero una estructura de cristal verde es también arte, a la vez que sirve como mampara y como base para la televisión.

86

87 Las superficies acabadas en madera clara son apropiadas en espacios húmedos, como cuartos de baño y cocinas. Los acabados son tan resistentes que incluso los lavabos del cuarto de baño pueden ser de madera. Las tablillas de teca forman un excelente suelo para la ducha.

# RESIDENCIA DE LA TORRE OLÍMPICA

Arquitecto: **Gabellini Sheppard Associates**
Ubicación: **Nueva York, EE.UU.**
Fotografía: **Paul Warchol**

Las impresionantes vistas panorámicas del *skyline* neoyorquino son la característica definitoria de este apartamento. El diseño es un minimalismo muy destilado que sirve para ilustrar que este estilo, bien entendido, es mucho más que simple eliminación: aquí las líneas de juntura del suelo de piedra forman una sutil cuadrícula sobre la cual se alinea todo, incluidos los armarios integrados, las paredes y tabiques. Las paredes y techos blancos, el cristal translúcido, el aluminio y el suelo de piedra color crema configuran un espacio sereno y luminoso.

Planta

Gracias a un hueco en la parte superior de las ventanas, se puede esconder completamente una persiana enrollable para dar un aspecto despejado y minimalista. En los ventanales, las cortinas normales ocultan inevitablemente parte de las vistas.

88

Un suelo de grandes losas de piedra presenta menos líneas de juntura, y brinda un aspecto más limpio y minimalista. Las paredes y divisiones de este apartamento se alinean con la cuadrícula del suelo.

89

# APARTAMENTO EN EL TURNING TORSO

Arquitecto: **Santiago Calatrava, Samark**
Ubicación: **Malmö, Suecia**
Fotografía: **James Silverman**

El amplio plano de cristal inclinado y los extraños ángulos que surgen por todas partes se apoyan en la pared curva central del edificio. Los diseñadores añadieron otra curva de su propia cosecha en el techo para reflejar la central. En consonancia con el espacio dado, no se intentó crear ninguna una habitación rectangular. Incluso los cuartos de baño tienen las paredes torcidas. Los suelos de anchos tablones añaden un elemento rústico e inesperado, pero no desagradable. Las vaporosas cortinas estampadas cuelgan necesariamente libres en las ventanas inclinadas.

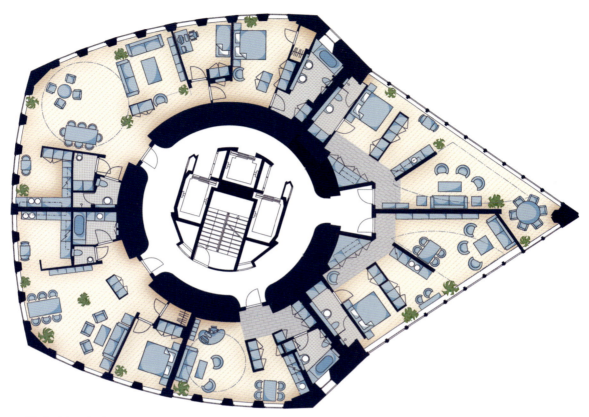

Planta de la entrada

No luche contra la geometría de su espacio: úsela y sáquele partido. Aquí no se intentó regularizar este espacio tan retorcido.

90

Se usan tonos poco vivos en el salón y por todo el apartamento, que resultan aún más apagados por la fría luz del norte. Al fondo se puede ver un pequeño espacio anexo, perfecto para una mecedora.

Planta

Una pequeña ventana hundida (en este caso, un ojo de buey) ofrece más luz si el marco se ensancha en una abertura mayor hacia el interior, aunque sigue proporcionando la intimidad de una ventana pequeña.

91

Los múltiples tonos grises, las diferentes escalas de las cuadrículas que forman las junturas y los enseres blancos dan al cuarto de baño un aire náutico/cubista acentuado por el ojo de buey hundido.

# JINDI CARTOON COOLPIX II

Arquitecto: **Hank M. Chao/Mohen Design International**
Ubicación: **Shanghai, China**
Fotografía: **Maoder Chou**

Aquí el principio rector es crear un espacio muy gráfico con un ambiente muy marcado. El único volumen del apartamento se dividió en diferentes zonas para distintas actividades y ambientes. Para dividir el apartamento sin levantar paredes ni interrumpir la circulación, el diseñador decidió instalar una serie de paneles blancos que se doblan y transforman para englobar y definir un área concreta de actividad. Una reinterpretación moderna del uso de tatamis sirve de salón.

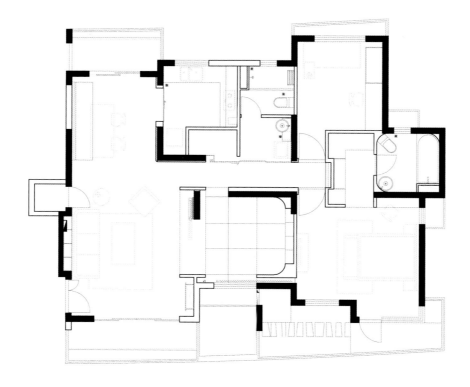

Planta

Se pueden diferenciar distintas zonas en un plano abierto rodeando el espacio con paredes que se curven para formar un dosel o el suelo. Estos nidos son especialmente acogedores.

92

El salón y el comedor se animan con colores rojo intenso y blanco. Los grises oscuros de suelos y paredes dan al espacio un aire apagado que se equilibra con la excitación generada por los colores brillantes.

93 Si quiere obtener ese aire de «apartamento en una estación espacial», utilice una combinacion de planos curvos y paneles de aspecto plástico. Una iluminación con focos completa el cuadro.

El tatami se diseñó con iluminación indirecta y colores balsámicos para ser un lugar de relajación que recordase al vientre materno. Una estantería con velas y un pequeño estanque adornado con cantos rodados contribuyen a esa serenidad.

# CASA ROSA

Arquitecto: **Filippo Bombace**
Ubicación: **Roma, Italia**
Fotografía: **Luigi Filetici**

Las extrañas geometrías de este espacio alargado ubicado en un edificio de los años 50 supusieron un reto especial para los diseñadores encargados de la rehabilitación. Sin costosas y grandes modificaciones de la estructura original, se las arreglaron para crear una propuesta que hace resaltar el pasillo de 13 metros de largo y el salón, que juega con las diferentes alturas del falso techo. En ausencia de divisiones más sólidas, las cortinas ayudan a delimitar las diferentes zonas del apartamento, al tiempo que ofrecen una sensación de lugar abierto evitando la claustrofobia de los espacios reducidos.

Un diván con el respaldo en el centro permite sentarse a su alrededor. Es una buena solución cuando la televisión o la chimenea están en una dirección y las vistas en la otra.

94

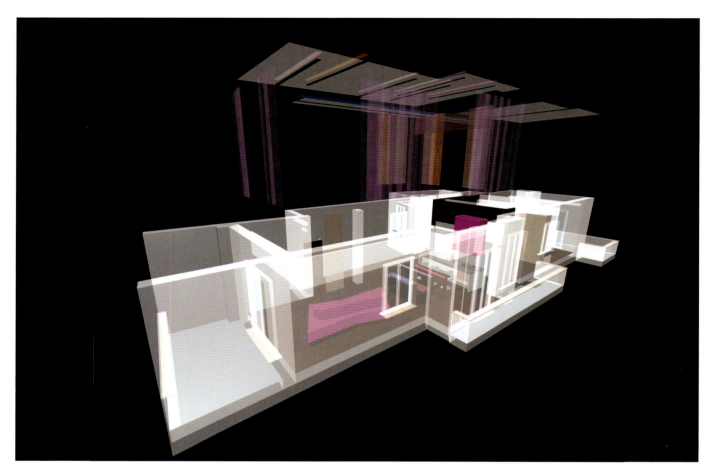

Vista

Aunque carece por completo de cualquier referencia directa a los estilos árabes, estos espacios podrían relacionarse con un harén: las vaporosas cortinas resultan intrigantes como los velos, y los colores rosa y púrpura tienen un aire exótico con luz ténue.

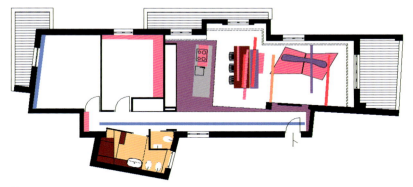

Planta

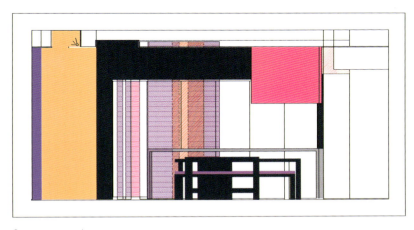

Corte transversal

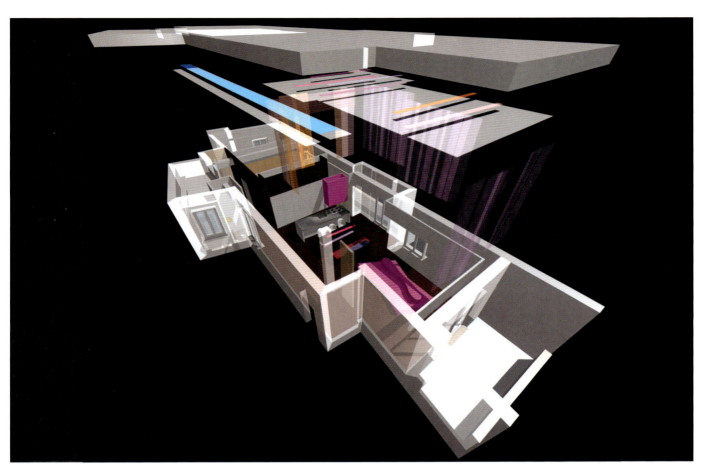

Vista axonométrica

Los muebles a medida pueden encajar perfectamente en un espacio reducido y reflejar el diseño del apartamento. La luz instalada en la mesa del comedor es la misma que la del techo.

95

# VIVIR CON EL DISEÑO

## 96

Céntrese primero en los aspectos importantes: el volumen total de una habitación, la impresión general que transmite, cómo se estructura el espacio, qué tipo de sensación (de reclusión o de amplitud) genera.

## 98

Observe como un espacio se relaciona con otro. ¿Existe un espacio dominante o principal del cual el otro sea un anexo? ¿Están dispuestos de forma lienal, uno tras otro, o centralmente?

## 97

Observe las simetrías y asimetrías. Si un espacio o plano es muy simétrico, creará un gran centro de atención. ¿Cuál es este centro? Los diseños asimétricos producen paz mediante el equilibrio, como al contraponer lo pesado y pequeño frente a lo grande y ligero.

## 99

La arquitectura actual a menudo, aunque no siempre, concibe los planos desconectados de paredes y de techos flotantes como formas positivas, y el espacio que fluye a su alrededor como su negativo fotográfico.

## 100

¿Se concibe el espacio como positivo o como negativo? La arquitectura tradicional concibe el espacio en positivo, es decir, el volumen de una habitación es una forma definitiva, un sólido platónico, y las paredes son lo que queda entre las habitaciones.

## 101

Estudie los temas, estilos, ambientes y paletas de colores y de materiales que usa el diseño y observe cómo se aplican y refuerzan. Son el lenguaje del diseño.

## 103

Los muebles ocupan un espacio y nos hablan sobre cómo éste se utiliza y sobre las personas que lo habitan. La disposición del mobiliario en el espacio le otorga también un aire determinado. Por supuesto, los muebles deben reforzar la arquitectura, pero tienen muchas formas de hacerlo.

## 104

Hay aspectos no visuales del diseño a los que también conviene prestar atención: cómo circula el aire por el espacio, la sensación de una alfombra o una fría baldosa en los pies. Un buen aislamiento acústico de los vecinos o de una calle concurrida puede resultar vital para el bienestar de los habitantes.

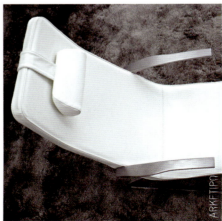

## 102

Los detalles de los objetos, la forma de combinar las superficies, cómo un objeto descansa sobre otro, o cómo termina un tipo de material y empieza otro. Estos detalles deberían reforzar el estilo.

## 105

La luz natural, el aire y las vistas tienen un gran impacto sobre la manera en que se percibe un espacio.

## 106

La luz natural se puede regular por el tamaño, orientación y profundidad de las ventanas, y mediante una amplia variedad de cortinas y estores.

# ALTO STANDING

# APARTAMENTO EN SOUTH BEACH

Arquitecto: **Luis Casañas**
Ubicación: **Miami, EE.UU.**
Fotografía: **José Luis Hausmann**

Este moderno apartamento se encuentra en un lugar privilegiado en la última planta de una torre residencial de 25 pisos. El apartamento está dentro de un volumen curvo que afecta a su diseño y disposición, así como a la elección de los muebles, que deben ser adaptables a los espacios redondeados. Los ventanales hasta el techo proporcionan unas vistas totalmente despejadas, y también una sensación vertiginosa. Inundado por la luz que se refleja en el horizonte marítimo, y con una decoración predominantemente blanca, el interior resulta verdaderamente luminoso.

El diseño combina armoniosamente diferentes materiales blancos y espectrales: granito pulido, cromo, sillas de cuero blanco. Pero hay notas de color por aquí y por allá: un ventilador dorado en el techo y una caprichosa mesa auxiliar roja.

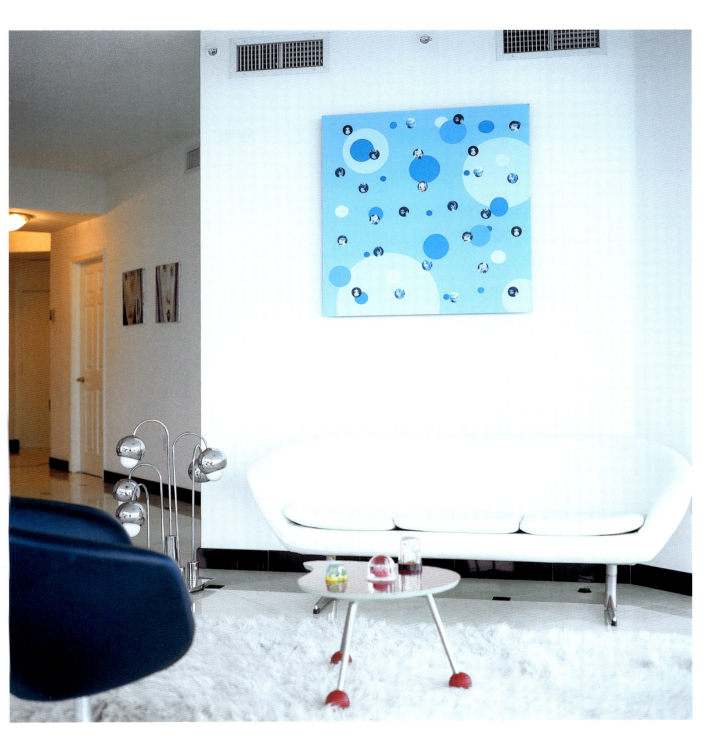

**107** Si desea conseguir un interior minimalista o moderno, evite los escalones y los armarios o puertas de paneles deslizantes. Los ejemplos de este interior son sumamente originales.

# APARTAMENTO GONSALVES

Arquitecto: **Smart Design Studio**
Ubicación: **Elizabeth Bay, Australia**
Fotografía: **Sharrin Rees**

Las amplias vistas de puerto y del *skyline* de Sídney desde todas las habitaciones de este apartamento constituyen una especie de primeros planos, enmarcados por las gruesas ventanas de madera de este edificio de los años 50, con sus claraboyas y respiraderos. El plano del loft sigue una cuadrícula regular de espacios estructurales con todas las habitaciones alineadas a lo largo de las dos fachadas del piso, y la cocina y los cuartos de baño en la parte posterior. Los arquitectos se inspiraron en el trabajo de Alvar Alto y sus formas profundamente geométricas. La mejor expresión de esto se encuentra en los plafones hundidos en los techos.

Los muebles y la combinación de colores, así como el suelo de parqué original, son reminiscencias de los años 50, aunque muchas de las piezas son hechas a medida. Los armarios flotantes hacen las veces de divisiones.

1. Entrada
2. Cocina
3. Comedor
4. Salón
5. Estudio
6. Dormitorio principal
7. Dormitorio
8. Cuarto de baño
9. Vestidor

Planta

Las cocinas en forma de pasillo ahorran espacio y resultan cómodas para trabajar. Las distancias entre las diferentes zonas de trabajo son cortas y la superficie de la encimera es grande. Aunque en el caso de este gran apartamento, no es necesario economizar espacio.

108

El ingenioso uso de la luz puede conferir personalidad a un apartamento. Los anillos luminosos intercalados con focos forman un patrón regular a lo largo del techo. Estos anillos de luz son arañas minimalistas.

109

# APARTAMENTO EN PARK WEST

Arquitecto: **Bonetti/Kozersi Studio**
Ubicación: **Nueva York, EE.UU.**
Fotografía: **Matteo Piazza**

Grandes espacios configuran este enorme apartamento con sorprendentemente pocas habitaciones. Las vastas superficies enfatizan lo horizontal más que lo vertical. Los detalles resultan extremadamente refinados: las paredes se unen al techo y al suelo a lo largo de una línea que acentúa esta horizontalidad. El mismo efecto se logra con más contundencia con una suave hendidura en la base de la pared de la entrada. Las grandes losas de travertino del suelo y de los cuartos de baño marcadas con juntas perfiladas, la madera de teca y las paredes de estuco pulido contribuyen al lujo minimalista de este apartamento.

El yeso pulido es un material de lujo que parece brillar con luz propia, un efecto que se ve acentuado por los focos instalados en el suelo que se proyectan sobre la pared.

110

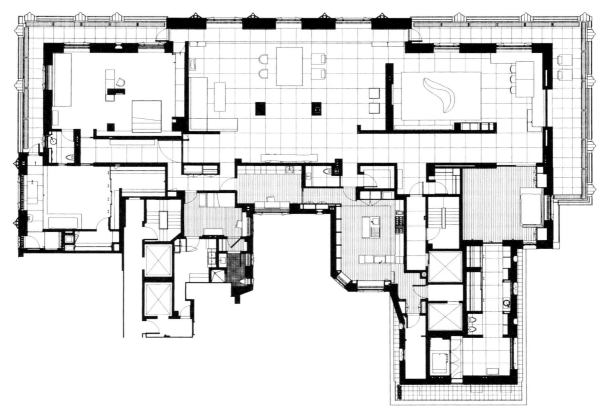

Planta

Los muebles a medida en madera de teca combinan con la colección de antigüedades asiáticas del propietario. La necesidad de subir dos escalones para llegar a las terrazas exteriores se ve superada gracias a una larga repisa que recorre toda la longitud del salón.

Allí donde el espacio lo permita en un apartamento grande, enfatizar lo horizontal con elementos largos y bajos hará que el espacio parezca aún más abierto, tranquilo y amplio.

111

## 112

Para lograr un refinado aire minimalista, marque la unión de las paredes con los techos y suelos con una fina sombra producida por una hendidura. Los moldes de yeso listos para usar pueden conseguir estos efectos, pero debe procurar reforzar el acabado de la pared en la parte inferior, donde puede recibir golpes y roces.

# THE HAMMER

Arquitecto: **Gus Wüstemann**
Ubicación: **Zúrich, Suiza**
Fotografía: **Bruno Helbling**

Este proyecto toma su nombre del elemento espacial/escultural en forma de martillo (hammer) que se introdujo en el ático que alberga a este apartamento. La mayoría de los elementos funcionales, como las cocina, las escaleras, el cuarto de baño y los armarios integrados, han sido concebidos como una parte del elemento «martillo». Una zona que los diseñadores llaman *the wave* (la ola) atraviesa el espacio por la mitad y presenta un inconfundible acabado negro y brillante. En el tejado de la «ola» se recortó el vano de una gran ventana para abrir las vistas al lago Zúrich.

En una esquina del ático, esta ventana contribuye a realzar la cúpula existente que intersecciona ligeramente con el ángulo del nuevo volumen interior. Los suelos blancos y brillantes reflejan la luz.

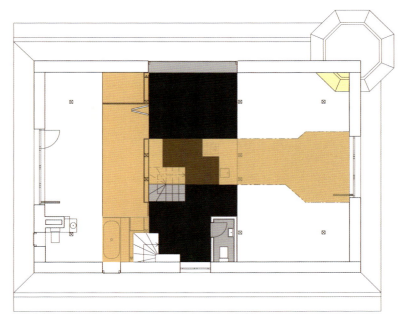

Planta baja

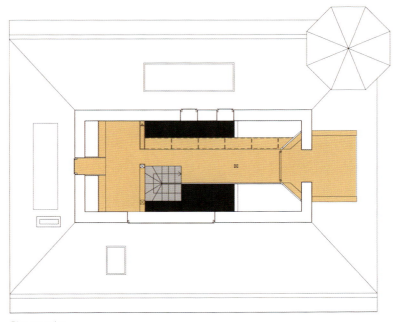

Piso superior

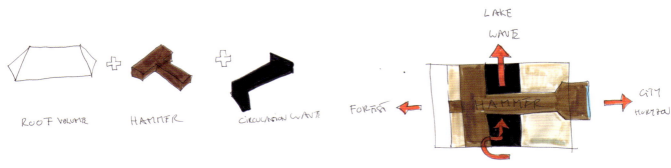

Esbozos: concepto

Esbozo: martillo

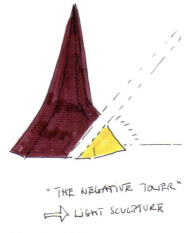

Esbozo: torre de luz

La zona en negro de la «ola» abarca la cocina, las escaleras y, a la izquierda, el tocador. El elemento «martillo» se observa acabado en beige, e incluye el loft de arriba

Las ideas abstractas conceptuales pueden sentar la base de un diseño. Este apartamento gira en torno a las ideas del «martillo» y la «ola». Esta «ola» conecta los elementos acuosos del apartamento con el lago Zúrich.

113

# ÁTICO EN MAYFAIR

Arquitecto: **SHH Architects + Interiors + Design**
Ubicación: **Londres, Reino Unido**
Fotografía: **Francesca Yorke**

El ático Mayfair, de 148 m², se encuentra en el octavo piso de un bloque de apartamentos de 1960 del centro de Londres, rodeado en tres de sus fachadas por una terraza exterior con vistas increíbles del *skyline* londinense. En esta rehabilitación, el apartamento se rediseñó completamente con el fin de convertir el salón en la estancia principal, abrir la cocina, agrandar los cuartos de baño y, lo que es más importante, ensanchar las ventanas y aprovechar las sensacionales vistas. Predominan los acabados, cálidos y sofisticados, con madera barnizada en oscuro.

El salón se suele organizar en torno a la chimenea y la televisión, pero no siempre acaban tan bien integrados como en este caso.

Los colores terrosos, cálidos y oscuros, son los más habituales en los cuartos de baño. Pero funcionan muy bien para crear un espacio cálido, relajante y tranquilo, un marco perfecto para un prolongado baño caliente.

114

En este hogar, lo privado y lo público se han redefinido completamente. El dormitorio es lo primero que se ve desde la entrada. No hay ninguna puerta sólida, sólo una pared deslizante sin marco de cristal claro.

# APARTAMENTO LOS CERROS

Arquitecto: **Guillermo Arias & Luis Cuartas**
Ubicación: **Bogotá, Colombia**
Fotografía: **Pablo Rojas**

La ubicación de este apartamento, en las montañas sobre Bogotá, proporciona a sus habitantes dos vistas diferentes: los dormitorios y cuartos de baño dan al este, con vistas a un bosque y a las colinas circundantes; en cmabio, desde el comedor, al oeste, se divisa la ciudad. Partiendo de un apartamento convencional, el espacio se convirtió en un lugar más abierto gracias principalmente al uso de divisiones dispuestas para arreglar o enfatizar su organización longitudinal. Estas divisiones flotan en el espacio y se rozan mutuamente creando huecos vacíos.

En cuanto uno entra en el apartamento directamente desde el ascensor, se accede al salón, que disfruta de buenas vistas sobre Bogotá. Las luces indirectas permanecen ocultas en una ranura a la izquierda, e iluminan la encimera de la cocina y la parte superior de la chimenea.

El diseño de esta apartamento opta por una iluminación indirecta en numerosas zonas. Las ranuras entre los planos de la pared y el techo, como la que aparece sobre la chimenea del salón, son perfectas para ocultar fuentes de luz indirecta.

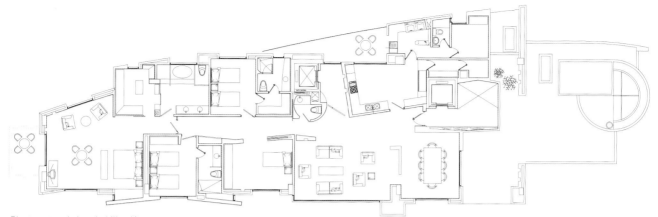

Planta antes de la rehabilitación

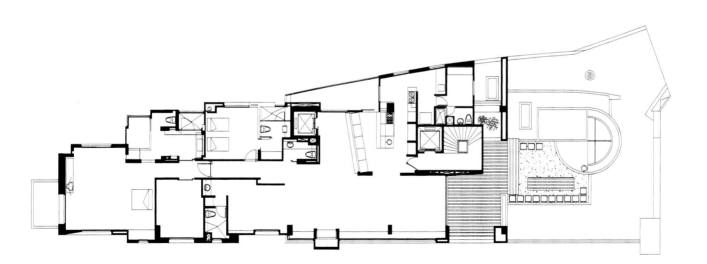

Planta después de la rehabilitación

Mirando el eje de la circulación principal desde el dormitorio, se puede entrever el cuarto de baño. La lámpara con forma de tubo montada en la pared proyecta un chorro de luz contra el techo y el suelo.

# APARTAMENTO REINA VICTORIA

Arquitecto: **Inés Rodríguez/Air Projects**
Ubicación: **Barcelona, España**
Fotografía: **Jordi Miralles**

Este gran loft de lujo ocupa dos plantas de un tradicional edificio de apartamentos. El vestíbulo y las escaleras son los ejes alrededor de los cuales se planificó la rehabilitación. Las paredes completamente pintadas de blanco dan unidad a este amplio apartamento. Todas las habitaciones son espaciosas y están bien dotadas de luz natural. Se han construido amplias terrazas en ambas plantas, y un tercer nivel de terraza en el tejado, para poder disfrutar de las vistas de Barcelona. En la terraza hay una piscina y una zona con sombra para descansar.

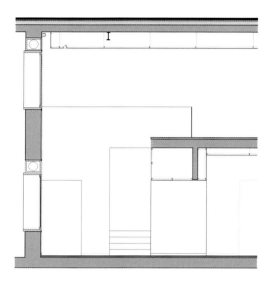

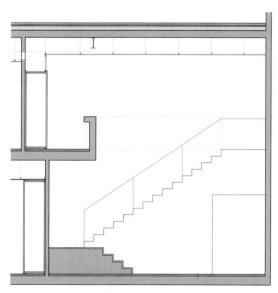

Alzado de la entrada y la escalera

En este proyecto se usan paredes deslizantes, o grandes puertas correderas —según se miren—, con mucho éxito. Ofrecen grandes aberturas libres que conectan espacialmente las habitaciones a la vez que permiten establecer separaciones cuando haga falta.

115

Planta baja

Primera planta

El gran arte se vuelve arquitectónico. ¿Es una pared, un lienzo, o ambos? En este interior, algunas piezas llegan casi hasta el techo y definen espacialmente zonas diferentes a la vez que crean un ambiente determinado.

116

La barandilla de cristal sin travesaño ni soportes desaparece prácticamente por completo, dando la impresión de que esta piscina no tiene fin.

117

# APARTAMENTO AKM

Arquitecto: **Jackson Clements Burrows**
Ubicación: **Richmond, Australia**
Fotografía: **Trevor Mein**

Aprovechar las vistas no siempre resulta fácil. Aquí, la mayor parte del apartamento se encuentra hundido en los niveles inferiores de un viejo edificio industrial, lo que le priva de las vistas y de la luz natural. Como sólo el nivel superior disponía de buenas panorámicas, los espacios se repartieron entre este piso y la planta baja, con el dormitorio en medio. El apartamento resulta espacialmente muy complejo, porque esta distribuido en cuatro niveles diferentes, con los dos pisos superiores separados de los inferiores.

Planta baja

Primera planta

Segunda planta

La escalera que conecta ambos niveles adquiere una importancia notable. Ésta es larga y recta, y avanza en una trayectoria continua e ininterrumpida que nunca vuelve sobre sus pasos.

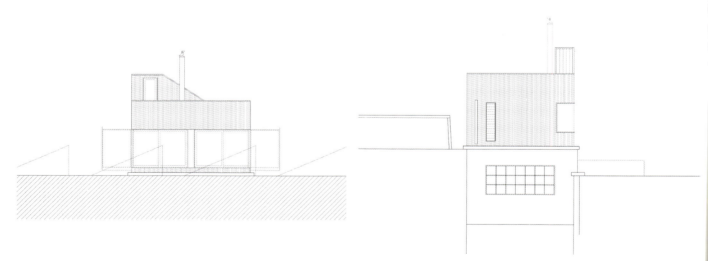

Alzados

En un apartamento como éste, donde la mayor parte de los espacios se encuentran hundidos y sin vistas, allí donde haya vistas (en este caso, el piso superior) se ubicará el salón.

118

Se quitó el tocador del cuarto de baño y se colocó en el dormitorio. Esta cubierta abatible con espejo se abre para convertirse en un escritorio. Las vistas en este nivel son bastante reducidas por los edificios adyacentes.

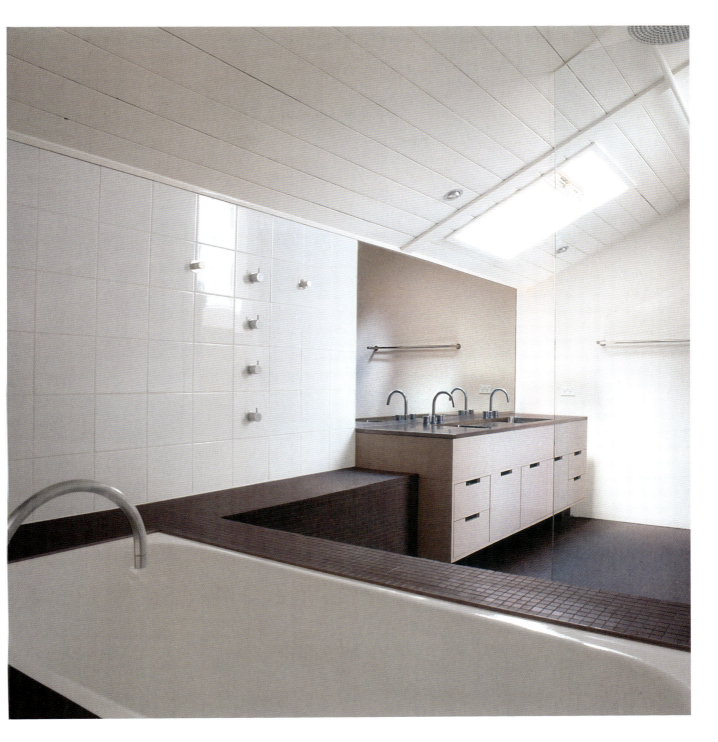

# ÁTICO EN NOTTING HILL

Arquitecto: **David Connor Design**
Ubicación: **Londres, Reino Unido**
Fotografía: **David Connor, Kate Darby**

Este apartamento ocupa los dos pisos superiores de una casa tradicional semiadosada. La planta baja disfruta de poca luz natural por las pequeñas ventanas que hay sólo en los extremos. Esto llevó a los arquitectos a idear maneras de capturar la luz natural. La planta superior está bañada por la luz del sol que entra por las ventanas y, sobre todo, por una enorme claraboya plegable que se añadió. Los arquitectos solucionaron el problema de la iluminación con la adición de claraboyas secundarias entre los dos niveles.

Aunque en general este loft respira libertad, nitidez y limpieza, los diseñadores usaron varios materiales claramente anticuados y locales: parquets de madera con dibujos en V en todo el proyecto, y azulejos blancos y redondeadas en el cuarto de baño. Van muy bien para suavizar los bordes.

119

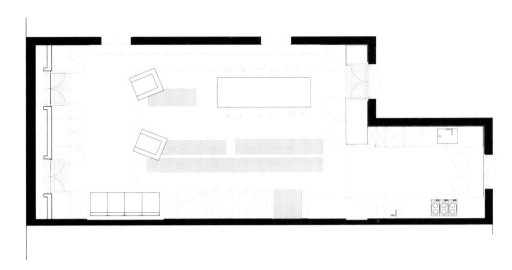

Planta baja

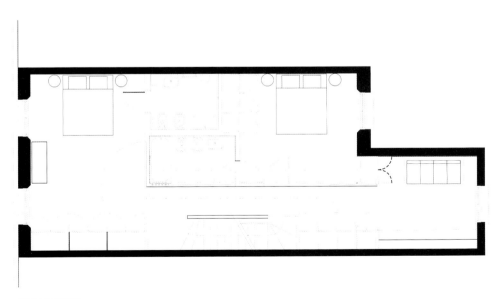

Primera planta

Las zonas más oscuras de la casa se iluminan con varias claraboyas situadas en la estructura del suelo del nivel superior. Además, una mampara de cristal oscuro deja pasar la luz al cuarto de baño de la entrada.

Pruebe a instalar un cómodo asiento integrado en el hueco entre los armarios y una ventana. Es una atractiva manera de aprovechar un hueco vacío.

120

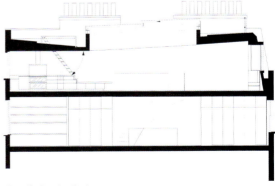

Sección longitudinal

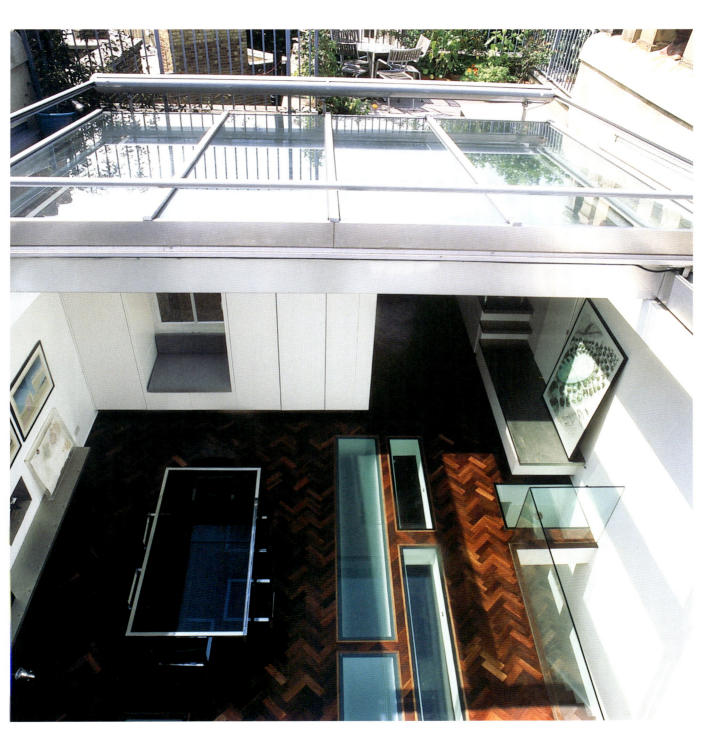

# ÁTICO EN EL EAST VILLAGE

Arquitecto: **Rogers Marvel Architects**
Ubicación: **Nueva York, EE.UU.**
Fotografía: **Paul Warchol**

Los arquitectos intentaron aprovechar al máximo los múltiples niveles de esta estructura a la hora de planificar los diferentes espacios del apartamento. Una oportuna terraza nueva en la planta superior abre el interior se abra al exterior. El hecho de que el apartamento disfrute de abundante luz natural hace posible el uso de un elegante suelo oscuro. Las composiciones de ventanas y barandillas, inspiradas en Mondrian, son un aspecto importante del diseño.

Las grandes superficies de azulejos verdes iluminadas por las claraboyas de la bañera y la ducha se complementan con los paneles de madera y cristal y el lavabo de piedra.

Repetir un tema del diseño con diferentes materiales y en distintos lugares de un apartamento puede ayudar a homogeneizar el conjunto. Las divisiones estilo Mondrian de las ventanas se repiten en un panel que hay sobre las escaleras y de nuevo en la barandilla.

121

**122** Los armarios bajos o las librerías integradas pueden servir también de barandilla. Estos armarios presentan detalles elegantes, como la madera oscura que contrasta con la parte superior en mármol.

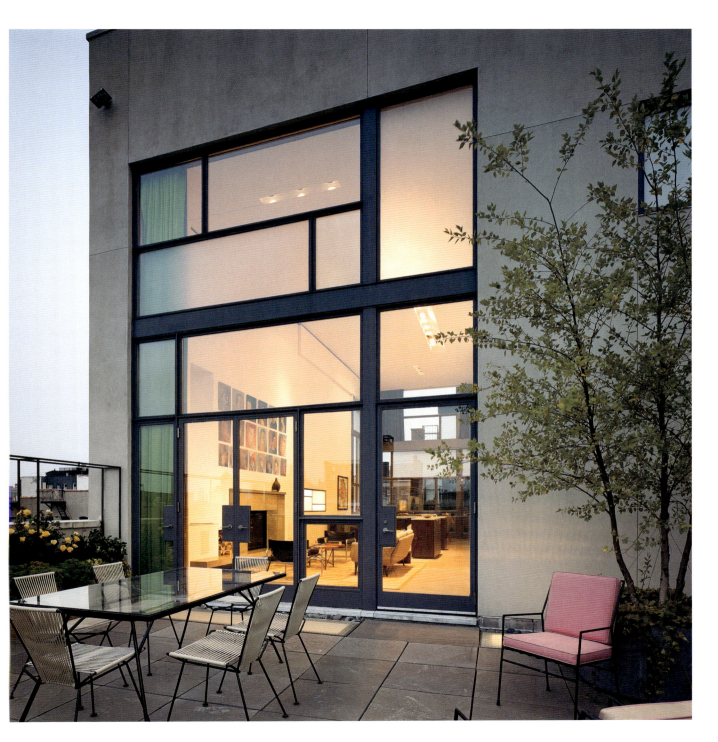

# MANGROVE WEST COAST

Arquitecto: **PTang Studio Limited**
Ubicación: **Shengzhen, China**
Fotografía: **Ulso Tsang**

Este apartamento de dos dormitorios y de planta bastante corriente cobra vitalidad gracias a la habilidad del diseñador en el uso de motivos florales. El papel de pared, que recuerda la corteza de un árbol, se reviste de flores y bandadas de gorriones. En el comedor, unos enormes dibujos de plantas sobre la puerta de espejos de un armario empotrado retoma el tema. Y en el dormitorio, la hiedra inmensa de la pared tiene su reflejo en la colcha de la cama y en los cuadros.

El papel de pared que imita a la corteza de un árbol y las flores geométricas recortadas responden con fantasía a la vista que, a través de la barandilla, se obtiene del parque que hay delante. Un espejo en el techo refleja el entorno del exterior.

En esta imagen del dormitorio principal, visto desde el cuarto de baño, los colores brillantes y los llamativos gráficos de la decoración se hacen eco en los muebles y la colcha.

Planta

## 123

Para preservar las vistas del exterior, optar por una barandilla de cristal en la terraza es la mejor solución. Los alrededores, ccmo este parque, pueden ser un buen motivo de inspiración para el diseño de los interiores.

# VIVIR CON TERRAZAS

## 124

Piense en una terraza como si fuese una habitación. Sus muebles y acabados deberían combinar, igual que en otra estancia cualquiera.

## 126

No use la terraza para almacenar aquellos trastos para los que no logra encontrar otro sitio. Si necesita guardar algo en el exterior, hágase con banquetas/baúles que permitan guardar objetos en su interior.

## 125

Diseñe la terraza para ser usada a modo de cocina exterior. Muchos platos deben asarse en barbacoas al aire libre.

## 127

En los climas más fríos del norte, el espacio exterior se usa mucho más en verano. Pero si lo planifica potegido del viento de la primavera y el otoño y de forma que le dé bien el sol, lo podrá usar muchos más meses del año.

## 128

Tenga en cuenta la posibilidad de crear microclimas: exponga un espacio al viento y a la sombra para refrescar la temperatura, o deje que le dé el sol y protéjalo de las corrientes para conseguir un ambiente más cálido.

## 129

Un patio podría servir como un baño/spa exterior con una ducha o una bañera al aire libre. Pero no disponga las cosas de cualquier manera: diséñelo como si se tratase de un cuarto de baño de lujo.

## 130

En climas con veranos muy calurosos, se necesita algún elemento para dar sombra. Si se trata de una gran lona, tal vez uno de sus extremos se pueda elevar como una vela y proporcionar brisa fresca.

## 133

La terraza puede penetrar en el interior si utiliza en el suelo el mismo revestimiento.

## 134

Piense en su terraza o balcón como si fuera una habitación más. Las plantas, y sobre todo las macetas, deben gozar de la misma consideración que los muebles del dormitorio o del salón. Estudie la posibilidad de crear jardineras y parterres de flores.

## 135

Abra el interior de su apartamento a las terrazas con ventanales hasta el techo.

## 131

Toda la gama de aparatos que pueda encontrar en las cocinas también están pensados para ser usados en el exterior. Así, pues, dedique a su cocina de la terraza el mismo esfuerzo que le dedicaría a una interior.

## 132

Una terraza es un espacio de la vivienda, igual que una habitación interior. Diséñela según la función que desee adjudicarle.

## 136

Hay muchos materiales óptimos tanto en el interior como en el exterior: madera de teca, piedras de diferentes tipos, hormigón y baldosas.

## 137

Con independencia de sus condiciones climáticas, antes de empezar a diseñar deberá averiguar unas cuantas cosas. Descubra por dónde viene la brisa que desea aprovechar, y también el viento del que quiere protegerse; fíjese qué altura alcanza el sol en verano y hasta dónde llega en invierno.

# ARRIBA Y ABAJO

# LORDS TELEPHONE EXCHANGE

Arquitecto: **Paskin Kyriakides Sands**
Ubicación: **Londres, Reino Unido**
Fotografía: **Paskin Kyriakides Sands**

La transformación de las oficinas de la antigua central telefónica Lords, en el centro del Londres, en 36 unidades residenciales, incluidos cinco lofts, ha dado lugar a estos espacios abiertos y voluminosos. La estructura original permitió que cada apartamento se concibiese como un lugar espacioso e independiente, dispuesto en diferentes niveles, con terrazas y habitaciones de doble altura. De ahí que los 11 pisos del edificio contengan una amplia variedad de interiores en los que destacan los elegantes acabados.

Si tiene la suerte de contar con espacios muy grandes, como estos volúmenes de dos pisos, puede modular la enorme superficie de pared con una pauta regular de aberturas.

138

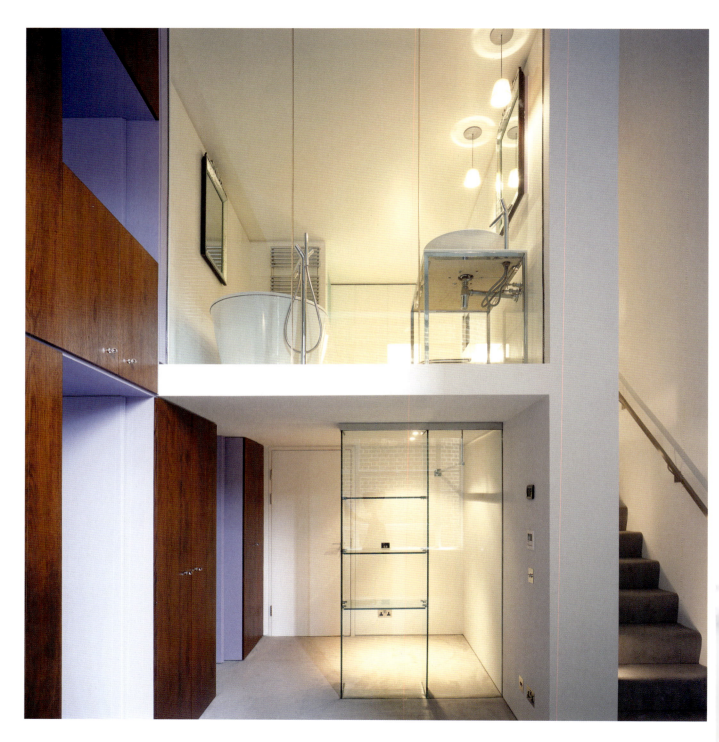

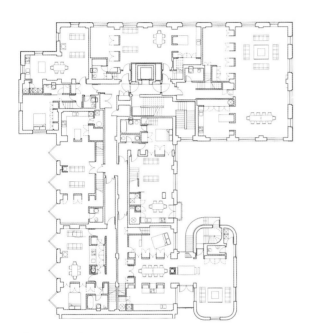

Planos generales

Aquí la intención de los diseñadores ha sido dejar a la vista aquello que normalmente está oculto, mediante tabiques y divisiones de cristal sin marco. En el nivel inferior, el armario del dormitorio es completamente de cristal, incluidas las estanterías. En el piso superior se encuentra el cuarto de baño privado. La escalera da acceso sólo a ese cuarto de baño.

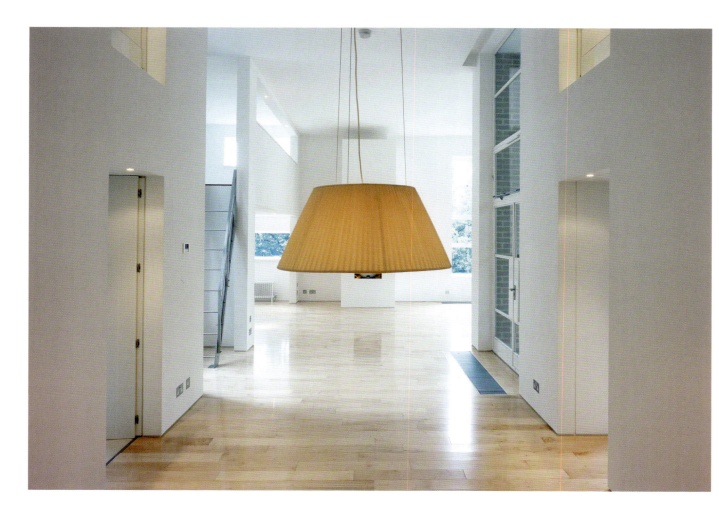

Los dormitorios no siempre necesitan permanecer ocultos tras sólidas paredes y puertas cerradas. Mediante una serie de aberturas, el dormitorio se puede aprovechar de la amplitud de la habitación principal.

139

Alzado

# APARTAMENTO EN MILÁN

Arquitecto: **Luca Rolla**
Ubicación: **Milán, Italia**
Fotografía: **Andrea Martiradona**

Este apartamento, pensado para vivir y trabajar, aprovecha la altura de los techos para reforzar la composición volumétrica del diseño. Los dos espacios principales son el salón de la parte delantera del apartamento y la oficina, en la posterior. Ambas estancias, que disfrutan de techos altos, están conectadas por un pasillo con falso techo, por lo que, aunque no hay puertas entre ambos espacios, se «leen» como habitaciones independientes, un simple rectángulo cada una. Se ha sacado partido a un pequeño ático haciéndolo accesible mediante unas escaleras.

Las paredes de yeso de mediana altura definen los espacios, configurando la entrada y cerrando la cocina. Pero como acaban a una cierta distancia del techo, crean una sensación de mayor amplitud.

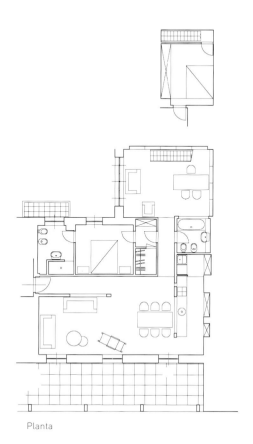

Planta

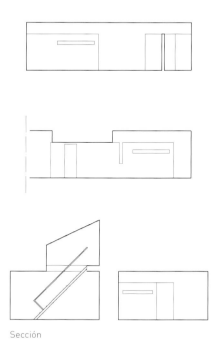

Sección

En un espacio reducido, el uso de paredes de mediana altura hace que el espacio parezca más grande porque se puede ver todo el techo. Estas paredes presentan ranuras a modo de detalle adicional.

140

**141** Un truco ingenioso: el espejo vertical parece una de las ranuras abiertas en las paredes del salón. Y ofrece una vista al exterior a través de la ventana que hay en la pared opuesta del cuarto de baño.

# LOFT BRECK

Arquitecto: **McIntosh Poris Associates**
Ubicación: **Detroit, EE.UU.**
Fotografía: **Kevin Bauman**

En este loft de tres pisos, anteriormente un almacén de pianos, los arquitectos intentaron conservar y dejar a la vista tanto como fuera posible la estructura industrial del siglo XIX, incluidas las columnas de hierro fundido, las vigas de acero, las paredes de ladrillo y hormigón y el parqué de madera rugosa con las lamas en diagonal. Este objetivo encajaba muy bien con otra idea principal: abrir al máximo el espacio con un diseño de plano abierto, para permitir que la luz natural llegara a todos los rincones.

Una escalera rodante de biblioteca montada sobre raíles permite utilizar las zonas elevadas de almacenamiento y las estanterías altas. Esto resulta especialmente útil en lofts con todos los techos altos.

142

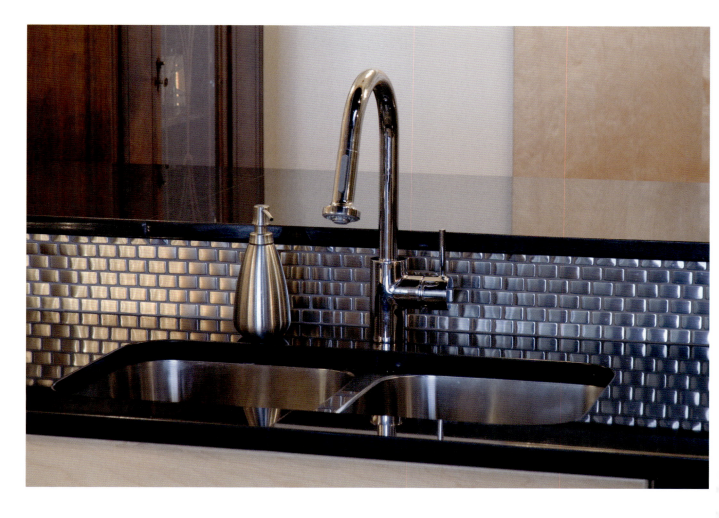

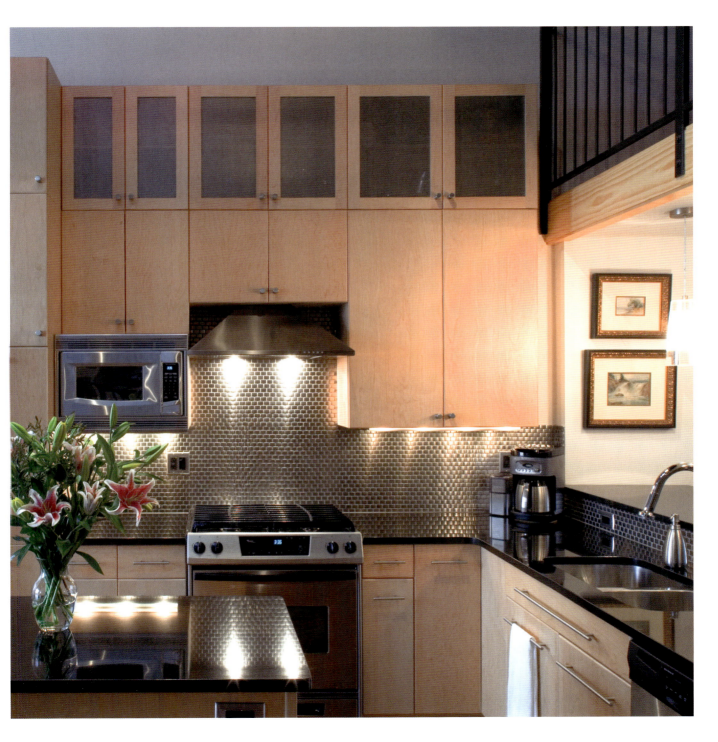

Una escalera de caracol entre los diferentes niveles ahorra superficie útil y permite que el espacio fluya a su alrededor. Gracias al plano abierto, la luz natural llega incluso hasta la cocina, en la parte posterior del loft.

# APARTAMENTO EN VITORIA

Arquitecto: **Javier Bárcena, Luis Zufiaur Arquitectos**
Ubicación: **Vitoria, España**
Fotografía: **César San Millán**

El principal reto para el diseñador de este apartamento consistió en cómo reorganizar la circulación arriba y abajo entre los dos pisos. La solución que encontró fue la creación de una escultural escalera suspendida que no interrumpe el espacio principal de la planta inferior. Es difícil imaginarse una escalera más transparente; incluso se eliminó la barandilla para conferir más apertura. Pero aún así modula el espacio en una zona de comedor y un salón. La planta baja contiene los espacios públicos, mientras que los dormitorios se encuentran en el piso superior, donde una hilera de ventanas inunda de luz el interior.

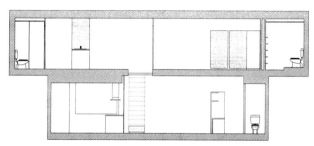
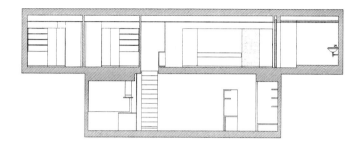

Secciones

La escalera suspendida de madera oscura de jatoba, en combinación con el suelo, parece hecha con las lamas del parqué arrancadas y apiladas en un zigurat que se sostiene mágicamente en el aire. Su estructura de acero queda completamente oculta en el interior.

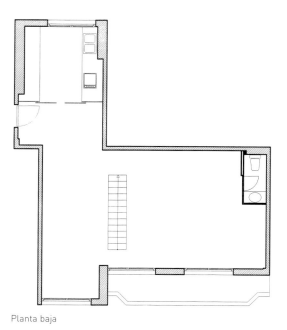

Planta baja

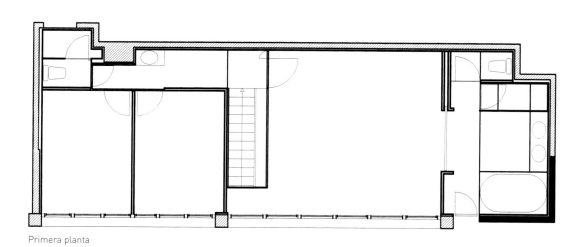

Primera planta

En este apartamento resulta notable la variedad de divisiones espaciales creadas con diferentes elementos. La entrada queda definida por un armario que al otro lado sirve como aparador del comedor. La escalera separa el comedor del salón.

143

Las paredes no son la única forma de realizar las divisiones interiores. En este apartamento, el espacio se divide y define de diferentes maneras: armarios, cristal y, en el caso del dormitorio, una combinación de paneles y cristal esmerilado, con una repisa que recorre todo el muro.

144

# 1310 EAST UNION

Arquitecto: **Miller/Hull Partnership**
Ubicación: **Seattle, EE.UU.**
Fotografía: **Ben Benschneider, James F. Housel, Craig Richmond**

Ubicado en el piso superior de un edificio de lofts, el reducido espacio que ocupa este dúplex se aprovechó al máximo gracias a un diseño de plano abierto. La sensación de amplitud se ve acentuada por la presencia de grandes ventanales en prácticamente todas las paredes. El loft también comprende un entresuelo con un dormitorio y un cuarto de baño, y un jardín en la terraza privada. La frialdad de los materiales del interior, entre los que se encuentran el suelo de hormigón, la vigas estructurales y las planchas de acero, queda mitigado por los muebles de colores cálidos y las texturas naturales.

Para añadir calidez a ambientes en los que domina el metal y el hormigón, una buena idea es usar muebles de colores densos, pero con una paleta limitada a dos o tres tonos básicos.

145

El salón y el comedor se integran en un amplio espacio. Las ventanas, con marcos de acero, ofrecen magníficas vistas de la ciudad.

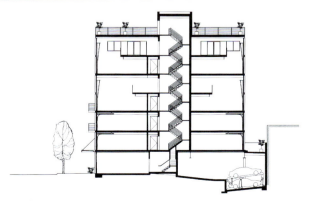

Sección

Las lámparas japonesas crean un punto de atención y ayudan a delimitar el comedor en este espacio de plano abierto.

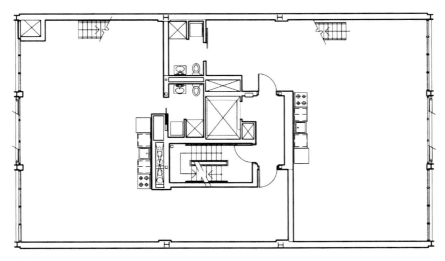

Cuarta planta

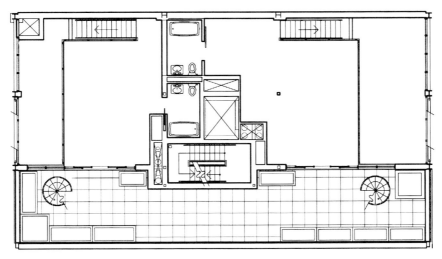

Entresuelo de la cuarta planta

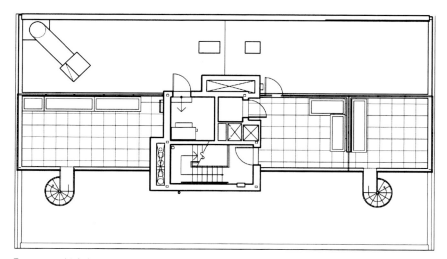

Terraza en el tejado

El aspecto industrial es una excusa excelente para instalar en la cocina estructuras independientes fáciles de mover que puedan albergar los electrodomésticos, el fregadero y estanterías.

146

# PARENT AVENUE

Arquitecto: **McIntosh Poris Associates**
Ubicación: **Detroit, EE.UU.**
Fotografía: **Kevin Bauman**

El volumen de este viejo almacén de madera se dividió en ocho lofts de dos plantas, mientras las paredes exteriores permanecieron prácticamente intactas. Los nuevos acabados y elementos añadidos están relacionados con el lenguaje industrial del edificio: entramados abiertos de acero, tuberías a la vista y suelo de hormigón. Como la estructura original carecía de ventanas y sólo contaba con unas cuantas puertas enrollables, los arquitectos tuvieron que practicar aberturas en las fachadas. Afortunadamente, estas nuevas ventanas ofrecen buenas vistas a los magníficos árboles que hay justo delante.

La luz baña la estantería de la pared, y su sombra se combina con la de la cuadrícula de las ventanas. Los muebles sencillos y modernos configuran el ambiente.

147

## 148

Mediante un acabado que contraste se puede enfatizar un volumen ubicado en un espacio como si fuese un objeto independiente. En este caso, la «vaina» del cuarto de baño se pintó en terracota oscura en contraste con el blanco predominante de las paredes.

Los ventanales y la adición de un nuevo tragaluz piramidal inundan de luz natural el interior. La alfombra roja entabla un diálogo con las paredes rojas del cuarto de baño.

# FRATERNITAT TWO LEVEL

Arquitecto: **Joan Bach**
Ubicación: **Barcelona, España**
Fotografía: **Jordi Miralles**

Este apartamento en Barcelona soluciona su problema de falta de espacio en el nivel principal introduciendo un entresuelo de acero que brinda más superficie útil. La relación entre el piso de arriba y el de abajo convierte la escalera en un elemento fundamental. Los pesados peldaños de acero en voladizo con un único punto de apoyo van acompañados de una baradilla de acero minimalista. El rojo, el blanco y el negro combinan en los muebles, que han sido cuidadosamente seleccionados para delimitar las diferentes zonas del apartamento. Los techos inclinados del entresuelo cuentan con tragaluces para ayudar a equilibrar la iluminación.

Repartir el espacio útil entre dos niveles es a veces la mejor opción, pero asegúrese de disponer de una escalera amplia y, preferiblemente, poco empinada. También es importante la conexión visual entre ambos niveles.

149

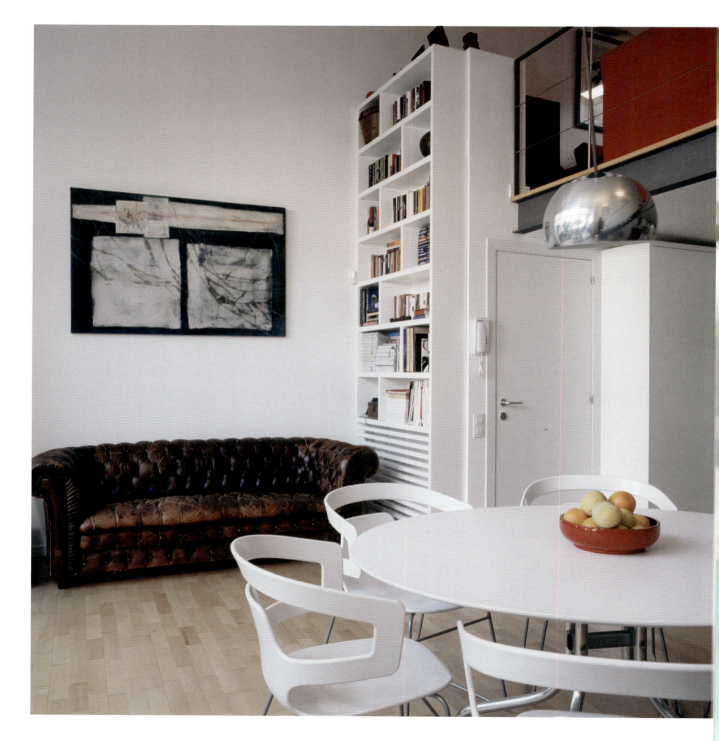

Un hermoso mueble antiguo, como este sofá Chesterfield de cuero gastado, puede ser un gran contrapunto en una decoración más actual. La crudeza del cuero entabla un cierto diálogo con el acero en bruto de la estructura del entresuelo del loft.

150

# APARTAMENTO RP

Arquitecto: **Daniele Geltrudi**
Ubicación: **Busto Arsizio, Italia**
Fotografía: **Andrea Martiradona**

Los espacios poco prácticos y retorcidos de este apartamento en un ático con un plano en V proporcionan ciertas perspectivas interesantes en el interior. Los planos inclinados del techo de la buhardilla se precipitan sobre uno en un deconstructivismo no deliberado. El hueco practicado entre los dos niveles está igualmente bien resuelto. Los elementos verticales enfatizan la altura como contrapeso de los techos bajos de ambos niveles. El tema de líneas verticales se repite, a continuación, en las lamas del parqué del salón del piso inferior y en las marcadas vetas de la chapa de madera usada por todas partes.

Una excelente colección de muebles de mediados y finales del siglo XX decora el apartamento. El tema de las bandas verticales destaca bajo la luz de los plafones instalados en el suelo a los pies de la escalera.

Planta baja

Primera planta

Cuando un apartamento de dos niveles está formado por espacios pequeños o poco prácticos, realizar una abertura espectacular entre los pisos puede ayudar a darle unidad. Los pilares de metal dorado se levantan en este espacio creando un patrón visual de rayas paralelas que se repite en el resto de la casa.

151

## 152

Estos armarios bajos sirven de barandillas alrededor de la escalera y del espacio de doble altura. Al inclinar ligeramente su parte superior, se convierten también en estantes para libros y piezas de arte.

# APARTAMENTO DE DOS NIVELES EN EL BORN

Arquitecto: **Joan Pons Forment**
Ubicación: **Barcelona, España**
Fotografía: **Jordi Miralles**

El aspecto más destacado en el diseño de este apartamento de dos pisos es la combinación del blanco y el negro, un contraste sólo suavizado por la presencia de algunos grises. Las dos plantas son del mismo tamaño, y la inferior contiene el salón, el comedor y la cocina. El contundente aspecto de la escalera es un importante elemento decorativo del espacio principal. En el nivel superior se encuentra el dormitorio y las zonas privadas. Ambos pisos disfrutan de una serie de ventanas que recorre una larga pared del apartamento.

Si uno mira desde el piso superior hacia la cocina y el comedor de abajo, descubre los principales elementos del diseño: la escalera, los acabados, las ventanas y las barandillas minimalistas.

## 153

Para conseguir un interior elegante, juegue con el negro, el blanco y el acero inoxidable pulido o bruñido. Esta combinación resulta intensa por sus contrastes y relajante por su simplicidad.

# APARTAMENTO EN MANHATTAN

Arquitecto: **Shelton, Mindel & Associates**
Ubicación: **Nueva York, EE.UU.**
Fotografía: **Michael Moran**

Este apartamento de dos niveles se diseñó pensando en la colección de arte y los muebles clásicos y modernos del propietario. El siguiente objetivo fue organizar los espacios de este gran apartamento (185 m$^2$) para aprovechar sus vistas. Y, finalmente, se trató de establecer una conexión impresionante y espaciosa entre el nivel principal y la habitación superior que da a la terraza del tejado. La escalera y el cubo que cristal que la contiene también sirven para dividir el apartamento entre una zona pública —que incluye una sala de reuniones— y otra privada, organizada en torno a una chimenea.

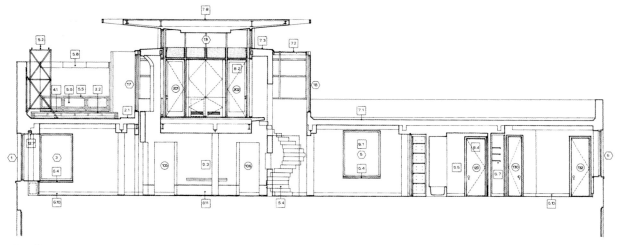

Sección

El acero semipulido es un importante elemento recurrente en este proyecto, y sirve para unificar la estructura en espiral de la escalera, los marcos de las ventanas y la mesa de reuniones.

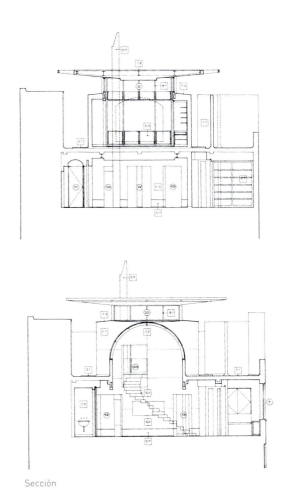

Sección

Una habitación en el tejado, por sí misma, se asemeja a un escondite o a un pequeño paraíso aislado y protegido del fragor de la ciudad y la vida cotidiana. Es un lugar para evadirse.

154

# APARTAMENTO EN BROOKLYN

Arquitecto: **Basil Walter Architects**
Ubicación: **Nueva York, EE.UU.**
Fotografía: **Bilyana Dimitrova**

El reto de este proyecto consistió en convertir una vieja fábrica de luces en un espacio para que un artista viva y trabaje. La dificultad de configurar las diferentes zonas dentro de un volumen muy grande y abierto se solucionó con una mampara translúcida retráctil que atraviesa todo el nivel inferior. A los dormitorios y a la terraza del tejado de la planta superior se accede mediante una elegante escalera de acero con barandilla de madera que sube por un enorme tragaluz que, junto con la mampara de cristal, forma una zona de transición entre el estudio de arte y la residencia.

La estética industrial no tiene porque ser fría y severa. Los colores y materiales cálidos combinan bien. La madera es el complemento perfecto para el acero en bruto, como en esta escalera. Una alfombra persa roja define el comedor en contraposición al suelo de hormigón.

155

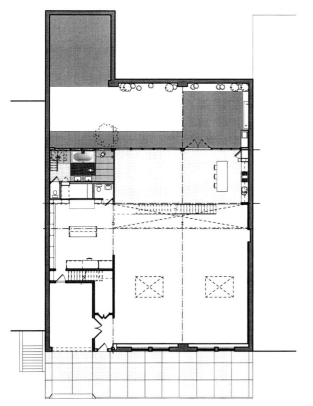

Planta baja

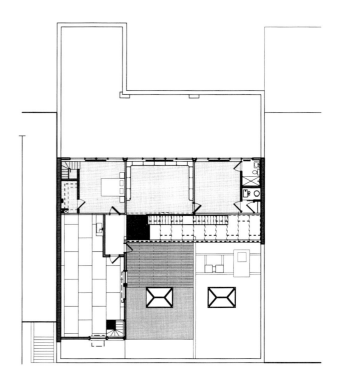

Primera planta

El amplio espacio que alberga la escalera está coronado por un enorme claraboya y flaqueado por una mampara deslizante de cristal que separa la zona de trabajo. Esto permite que ambos espacios dispongan de luz natural.

# RESIDENCIA PHILLIPPS-SKAIFE

Arquitecto: **Alden Maddry**
Ubicación: **Nueva York, EE.UU.**
Fotografía: **Jordi Miralles**

Debido a los habituales problemas de iluminación de este tipo de espacios, la cuestión fundamental del rediseño de los arquitectos fue abrir y eliminar todas las barreras que pudieran impedir el paso de la luz desde la pequeña hilera de ventanas situadas en la estrecha fachada. Esto se consiguió en el piso superior con la ayuca de un gran tragaluz central y dos más pequeños a un lado. Pero para conseguir que la luz llegara también a la planta baja se necesitó una solución más original: un suelo de cristal.

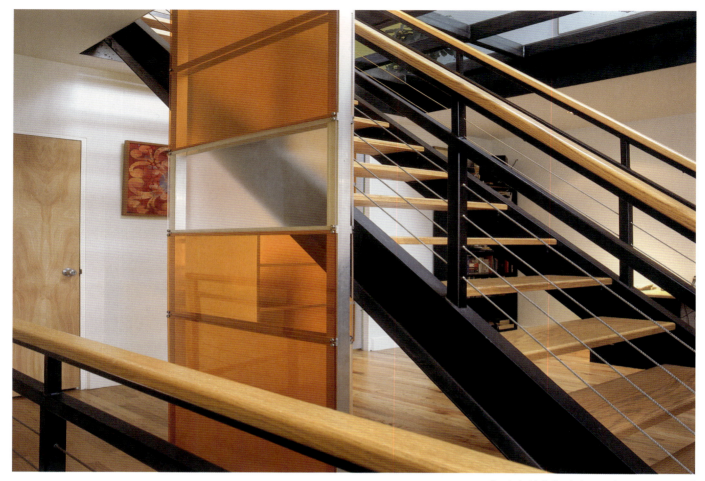

En el nivel inferior de la entrada, aunque uno esté situado en el centro del edificio sin ventanas directas, disfruta de la luz natural que se filtra desde arriba y a través de la puerta correcera de cristal del dormitorio.

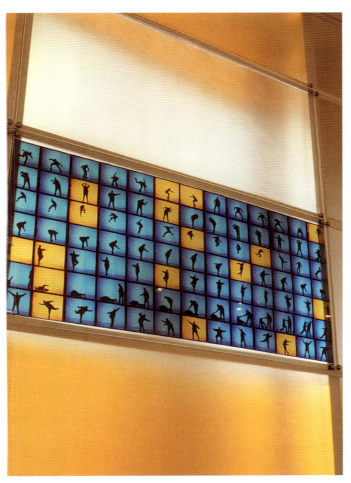

En espacios cerrados que sólo cuentan con ventanas pequeñas, los tragaluces pueden iluminar la zona y equilibrar la luz natural. Las ventanas pequeñas en lugares oscuros suelen deslumbrar, lo que se puede resolver con la luz de las claraboyas.

156

## 157

Demasiado a menudo, los diseñadores recurren a la receta segura pero predecible de utilizar blanco en todas partes. Aquí, el uso de amarillos y azules intensos dirige la atención hacia la circulación vertical, enfatizando su doble papel a la hora de aportar luz al nivel inferior.

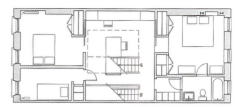

Planta baja

Primera planta

Axonometría

Los azulejos sirven de complemento a los paneles de cristal amarillo anaranjado del baño. La habitación se inunda de luz natural procedente del tragaluz, y la deja pasar a la escalera de la entrada a través de los paneles de cristal tintado.

# LOFTS EN ABBOT KINNEY

Arquitecto: **Mark Mack Architects**
Ubicación: **Venice Beach, EE.UU.**
Fotografía: **Undine Pröhl**

El barrio de Abbot Kinney, en Los Ángeles, se ha convertido con rapidez en una zona conocida por sus artistas y diseñadores. Esto ha transformado la arquitectura del vecindario, una tendencia de la que este proyecto es un buen ejemplo. En los tres lofts se usan idénticos acabados y detalles y comparten una misma distribución: la planta baja alberga un taller, la primera es el salón y la segunda está formada por los espacios privados/dormitorios. La paleta de materiales utilizados va cesde los más bastos en el taller hasta los más refinados en el último nivel.

En esta pared acristalada se usa una combinación de cristal claro y cristal translúcido que aporta cierto interés visual. El primero se sitúa al nivel de los ojos, y el translúcido en la parte superior.

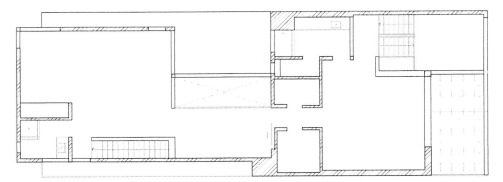

Planta del loft 1

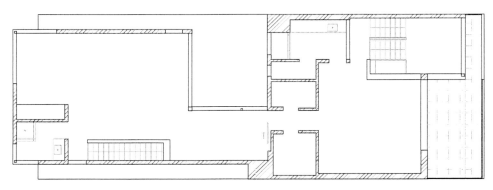

Planta del loft 2

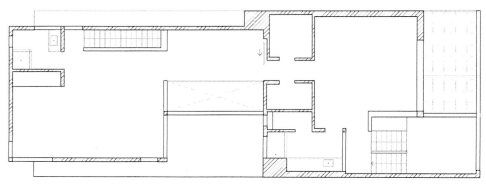

Planta del loft 3

Para distribuir mejor la luz natural en un apartamento de varios niveles, coloque los espacios de doble altura y la circulación vertical cerca de las ventanas. Este espacio de doble altura entre la primera y la segunda planta se encuentra al lado de un tragaluz.

158

## 159

En apartamentos de varios niveles, otorgue a cada uno un estilo diferente cambiando la paleta de materiales. En este apartamento de tres pisos, la planta baja presenta los acabados más bastos, mientras que en los niveles superiores son más delicados.

El pesado bloque de madera de la mesa Nakashima sirve de contrapunto a los elegantes e higiénicos armarios de cocina en acero inoxidable.

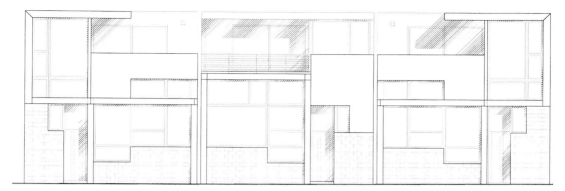
Alzado

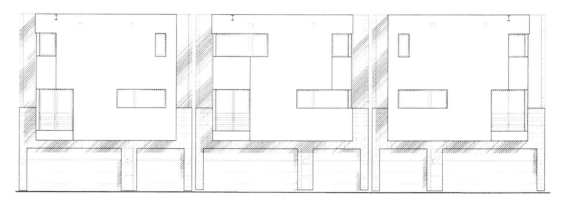
Alzado

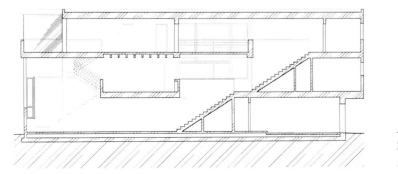
Sección

# LOFT EN A CORUÑA

Arquitecto: **A-Cero**
Ubicación: **A Coruña, España**
Fotografía: **Juan Rodríguez**

Uno de los retos fundamentales de este apartamento coruñés fue echar abajo varias paredes para crear una mayor sensación de espacio y luminosidad. La reducida superficie de ventanas no ponía las cosas fáciles. Una preciosa escalera minimalista compuesta por cajas negras en voladizo desde la pared recuerda a una escultura de Donald Judd y conduce al dormitorio. El banco integrado en el suelo es otro bonito toque creativo que aprovecha la feliz coincidencia de que el desnivel del suelo tiene la altura justa para sentarse con comodidad.

Este loft saca buen provecho de las distintas alturas. En el comedor se usa un desnivel para hacer un banco en uno de los laterales de la mesa. Para sentarse, basta con colocar un cojín en el suelo.

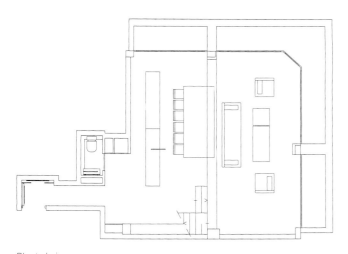

Planta baja

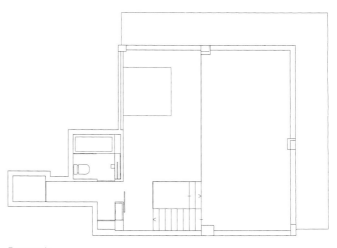

Entresuelo

Los paneles de cristal pintados en vez de azulejos de cerámica en baños y duchas consiguen un acabado más elegante al eliminar la mayor parte de las juntas. También resultan más fáciles de limpiar.

160

Este proyecto incluía el diseño de la mayor parte de los muebles y la totalidad del cuarto de baño. El lavabo como tal se ha eliminado en favor del minimalismo limpio de una rejilla metálica perforada.

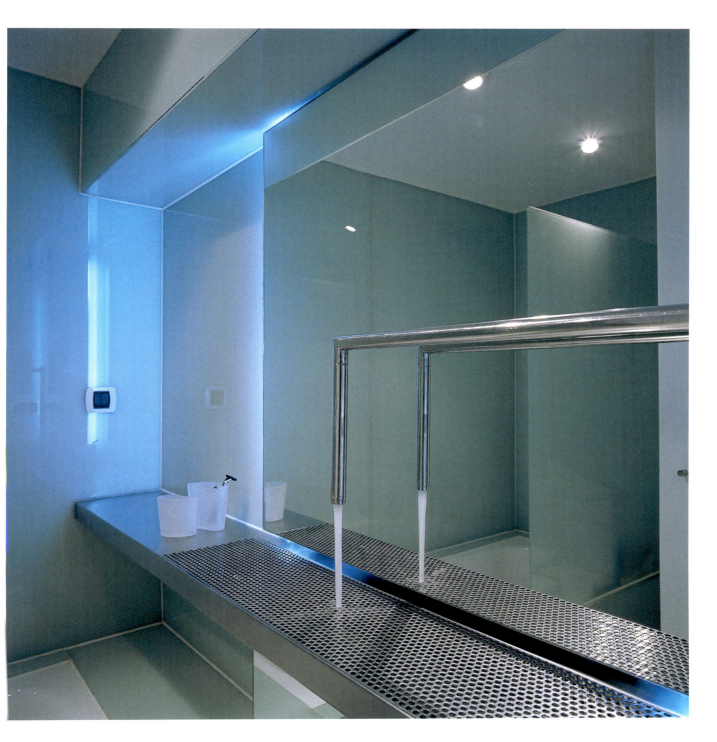

# VIVIR CON ESCALERAS

## 161

Las escaleras son a menudo el espacio o elemento más espectacular de un loft. No deje de aprovechar las ventajas que le ofrece. Intente no ocultarlas en un espacio reducido.

## 163

La regla de oro para una escalera cómoda es que la suma de dos contrahuellas y un peldaño debe ser igual a 64 centímetros. Intente no desviarse demasiado de esta pendiente.

## 162

Una escalera de peldaños abiertos será una construcción más transparente que no separa los espacios que quedan a cada lado. El diseño de peldaño abierto enfatiza las líneas horizontales de la escalera.

## 164

Las barandillas de cristal también ayudan a que la estructura de la escalera resulte ligera cuando se desea ese efecto. Las barandillas ligeras de acero o de cables logran los mismos resultados.

## 165

Las pequeñas escaleras de caracol, aunque de peldaños pequeños e incómodas, pueden ahorrar espacio si es necesario. La escalera en dos partes, que parece estar formada por dos escaleras muy empinadas puestas una junto a la otra, también es una buena solución para ahorrar espacio.

## 167

Preste atención al efecto simbólico de las escaleras. Nos atraen. Parece que siempre nos estén invitando a subir. Pueden anunciar una entrada o insinuarnos un pequeño reino escondido en el tejado.

## 166

Visualmente, la barandilla de la escalera suele ser más importante que los propios peldaños. La gama de posibilidades es infinita: desde las antiguas y sólidas barandillas a los cristales sin marco.

## 168

Una escalera entre dos salas de las zonas comunes necesita ser más larga y con menos peldaños que una escalera que sólo dé acceso a estancias privadas. Procure no escatimar demasiado en cuanto a escaleras principales.

# SEGUNDA OPORTUNIDAD

# REHABILITACIÓN EN CUATRO CAMINOS

Arquitecto: **Abeijón-Fernández Arquitectos**
Ubicación: **A Coruña, España**
Fotografía: **Paco Romanro**

El plano de este apartamento contenía varios ángulos interiores muy cerrados. El espacio triangular largo y estrecho y con un ángulo más agudo, situado junto a la mayor parte de las ventanas, crea una perspectiva bastante espectacular y forzada. La entrada se encuentra al fondo del apartamento, y está flanqueada por los dos dormitorios. La cocina es una habitación independiente, pero está conectada visualmente al espacio principal gracias a dos paneles de cristal hasta el techo. Los detalles frescos y el hábil uso del color dan uniformidad al conjunto.

¿Qué se puede hacer con un espacio poco práctico? Aprovecharlo. Aquí, el salón se situó en una estrecha esquina del plano triangular. Los espacios con formas extrañas son poco habituales, y precisamente por esta razón resultan más llamativos.

169

En el salón, encerrados en un ángulo agudo, los muebles se disponen perpendicularmente a la pared de la fachada. Un armario a medida tras el sofá aprovecha el hueco sobrante en forma de cuña.

La entrada al dormitorio principal exige pasar por el cuarto de baño. El lavabo y la ducha quedan ocultos a la derecha, tras un cristal tintado.

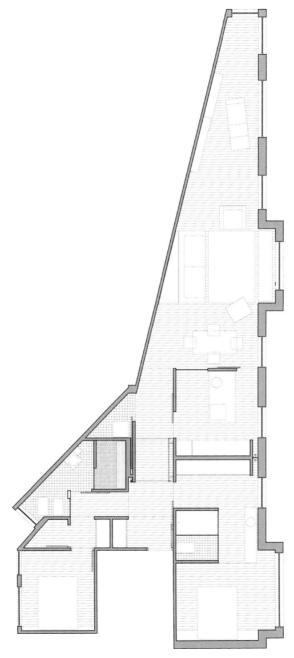

Planta

# REHABILITACIÓN EN JUAN FLÓREZ

Arquitecto: **Abeijón-Fernández Arquitectos**
Ubicación: **A Coruña, España**
Fotografía: **Paco Romanro**

Este plano presenta un único espacio abierto para el salón y una disposición tradicional en los dormitorios. Aunque el blanco y el negro son uno de los ejes de la decoración, el diseñador no ha dudado en añadir alguna nota de color: ocre en uno de los techos y gris oscuro en una pared del salón. Este apartamento disfruta de unos grandes ventanales a lo largo de una pared de la cocina/comedor. Los códigos de barras en los paneles deslizantes entre el dormitorio principal y el baño son las notas visuales más espectaculares, un tema al que aluden los estampados cebra de la cama.

Las variaciones sobre un mismo tema confieren unidad al diseño. Las rayas blancas y negras imitan la piel de una cebra o un código de barras. Aquí son ambas cosas al mismo tiempo.

170

Desde esta vista privilegiada de la entrada y la cocina se pueden apreciar muchos de los elementos del loft: la pared deslizante de cristal, otra división deslizante pintada de blanco, y las superficies de cristal oscuro que interseccionan con el falso techo.

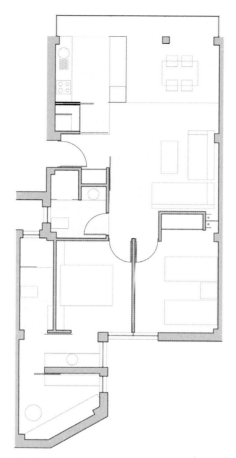

Planta

El falso techo constituye el lugar perfecto para instalar una iluminación indirecta. El desnivel del suelo resalta gracias a las luces instaladas dentro del escalón. Completan la composición las grandes pinturas.

# UNIDAD HORIZONTAL

Arquitecto: **Stephen Quinn & Elise Ovanessoff**
Ubicación: **Londres, Reino Unido**
Fotografía: **Jordi Miralles**

El carácter algo laberíntico de este pequeño apartamento ha quedado atenuado: los arquitectos empezaron derribando los pobres resultados de las muchas rehabilitaciones anteriores, dejando el espacio parecido a su diseño original. A partir de ahí, lo adaptaron sus nuevos usuarios. Las zonas comunes se ubican en una estancia de techo alto, con la cocina a un lado. Las molduras originales del techo y el antiguo suelo de tablones desgastados aportan un toque histórico. El dormitorio, también una habitación original restaurada, se ha cerrado parcialmente por una pared de media altura que no llega a tocar el techo.

La habitación georgiana tradicional, con una forma óptima y proporcionada, está perfectamente representada en este pequeño apartamento, aunque la disposición del espacio sea un plano moderno y abierto. Los techos altos y las ventanas amplias provistas de contraventanas confieren una sensación de ligereza.

A menudo, uno se encuentra con apartamentos que han sufrido varias rehabilitaciones precipitadas, de poca calidad y confusas. Deshacer estas rehabilitaciones puede devolver el espacio a su forma original, que suele ser el mejor punto de partida.

171

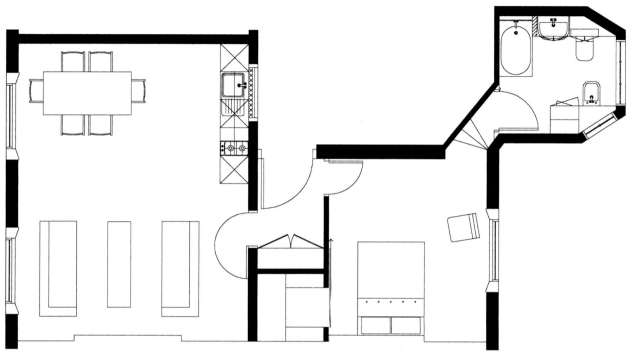

Planta

Mirando al dormitorio desde el pequeño pasillo que conduce al cuarto de baño, se puede observar la moldura original del techo por encima de la pared de mediana altura; detrás de ella está un armario y la entrada.

# GLACIER

Arquitecto: **Gus Wüstemann**
Ubicación: **Lucerna, Suiza**
Fotografía: **Bruno Helbling**

En Glacier se consigue un resultado sensacional con un mínimo de acabados. Los elementos esculturales, las escaleras y los armarios, todos de un blanco absoluto, y el suelo continuo también blanco se equilibran con el ligero acabado en madera de las paredes de fibra vulcanizada. Los huecos en paredes o estructuras albergan las luces o están retroiluminados con luz natural. El resultado es un espacio frío, que recuerda a un glaciar pero también a un cielo cubista. La escalera/estanterías detrás de la cocina resulta especialmente impresionante. En vez de plafones en el techo, las fuentes luminosas instaladas en los huecos están diseminadas por todas partes.

Página 707. El escultural elemento mitad escalera mitad estantería asciende atravesando el techo hasta la luz que hay arriba. La retroiluminación crea un efecto más espectacular.

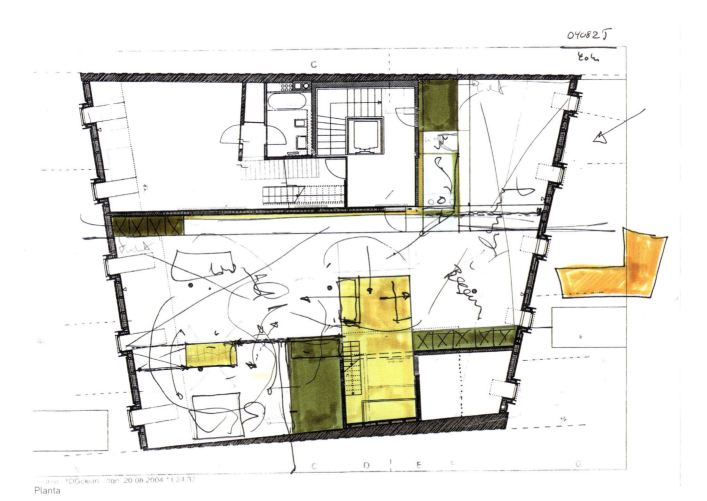

Planta

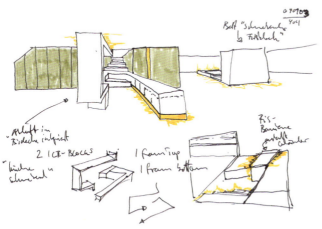
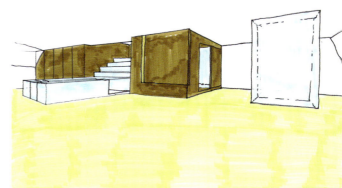

Cocina

## 172

Para obtener un efecto escultural, utilice el menor número posible de elementos decorativos y de colores. Un escenario blanco resulta más efectivo con unos acabados minimalistas.

Las plataformas, mesas, camas, etc. integradas constituyen la mayor parte del mobiliario de este entorno. Unas cuantas almohadas esparcidas sobre una plataforma a medida crean una zona de descanso. La alfombra blanca mullida hace el espacio más acogedor.

## EDIFICIO DE LOFTS EN LOS ÁNGELES

Arquitecto: **Kerry Joyce Associates**
Ubicación: **Los Ángeles, EE.UU.**
Fotografía: **Dominique Vorillon**

El edificio en el que se encuentran estos lofts se construyó en 1924 y está influido por ciertas tendencias *art déco*. En la rehabilitación y diseño de estos interiores, el arquitecto mezcló una amplia variedad de estilos para conseguir un resultado elegante y a la moda. El uso de materiales minimalistas, como el hormigón lavado de los suelos o, en la segunda unidad, la madera blanqueada, proporciona un aire contemporáneo que contrasta con las ventanas en acero *déco*. Uno de estos apartamentos juega con la predominancia del blanco para crear su ambiente, mientras que el otro se inclina por la macera clara.

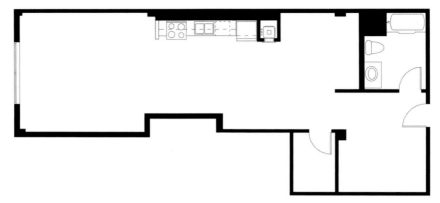

Planta del apartamento 1

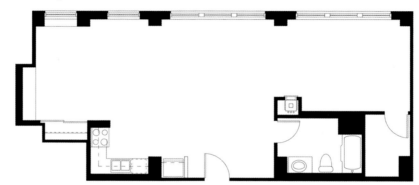

Planta del apartamento 2

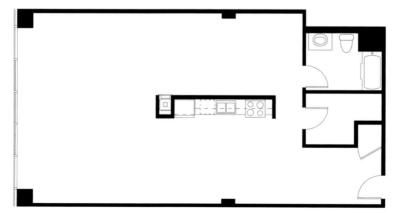

Planta del apartamento 3

Una librería abierta flotando en el espacio crea una división interesante y ligeramente transparente para la habitación. Su efecto, no obstante, depende en buena medida de lo que se coloque en los estantes. Una masa de libros de cubiertas oscuras hará que sea mucho más sólida que unos cuantos marcos de fotos.

173

Blanco sobre blanco sobre blanco con un toque de color: en esta combinación, las texturas aportan la variedad. La cortina colgante realizada con discos de plástico resulta un estupendo recurso para delimitar el espacio.

174

La modernidad de mediados de siglo es el tema del mobiliario, que cuenta con sofás Case Study House y sillas Eames. Estas piezas combinan bien con las ventanas de divisiones horizontales tipo paneles *shoji*.

175 En un espacio amplio, donde unas pocas ventanas se concentran en un extremo reducido, es importante mantener el plano lo más abierto posible para permitir que la luz natural llegue a todas partes.

# LOFTS BEN AVIGADOR

Arquitecto: **Avi Laiser & Amir Shwarz-U-I**
Ubicación: **Tel Aviv, Israel**
Fotografía: **Miri Davidovitch**

Estos apartamentos son tan libres como es posible. Pero esta libertad aquí no significa refinamiento, sino que es el resultado de una manera muy directa de los diseñadores de tratar de crear un apartamento abierto. El volumen rojo teja que alberga el cuarto de baño parece ser el único indicio de una estética de diseño arquitectónico. Da la impresión de que no se hizo absolutamente ningún esfuerzo por diferenciar los espacios. La mezcla de muebles de mediados de siglo y contemporáneos acapara toda la atención por la falta de competidores.

En un interior austero, los muebles cobran una gran importancia visual. Destacan como si estuvieran en una exposición. Así, pues, es doblemente importante que se elijan con el máximo cuidado.

176

Los diferentes muebles recuerdan a islas en un mar de hormigón. Parecen constituir lo mínimo indispensable, o quizá incluso menos de lo mínimo indispensable, para hacer habitable el espacio.

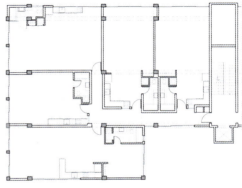

Planta

# APARTAMENTO CEDOFEITA

Arquitecto: **Joana Caiano & Morgado Arquitectos**
Ubicación: **Oporto, Portugal**
Fotografía: **Fernando y Sergio Guerra**

Desde este loft, ubicado en un edificio próximo al centro de Oporto y en medio de un exuberante jardín de árboles centenarios, no se puede ver la calle. El anterior apartamento era oscuro y poco ventilado, pues se encontraba bajo un denso manto de árboles y presentaba un interior laberíntico. El principal objetivo estaba claro: abrir el espacio. Esto se logró sustituyendo las paredes sólidas con cristal translúcido, practicando aberturas y eliminando las puertas. La circulación en zigzag fue básica para organizar el apartamento y otorgarle personalidad.

Para dar al apartamento un aire despejado, tranquilo y moderno, use superficies de pared continuas hasta el techo y puertas y ventanas sin marco. Los detalles son de vital importancia. La sencillez visual no se logra con facilidad.

## 177

**Página 739.** El techo se esculpió en forma de pirámides invertidas. La luz brilla desde sus cimas truncadas. Una se centra en la zona del comedor y la otra, asimétricamente, inunda uno de los espacios del salón, pero se concentra en la entrada.

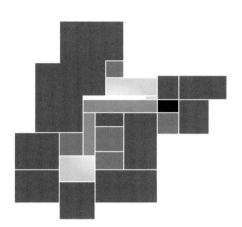
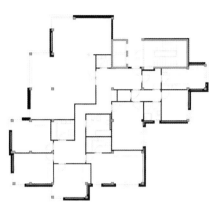

Plano conceptual     Planta antes de la rehabilitación     Planta después de la rehabilitación

El plano recuerda un poco a Mondrian. Aunque se conservó la mayor parte del plano original, cabe destacar varios cambios fundamentales. El más importante es que la circulación principal se amplió a un doble pasillo y se abrió al salón.

# CASA JM

Arquitecto: **Estudio Magén Arquitectos**
Ubicación: **Zaragoza, España**
Fotografía: **Gonzalo Bullón**

Este pequeño apartamento de un sólo nivel está ubicado en una esquina del edificio, lo que le permite contar con ventanas en ambas fachadas que equilibran la luz. Cuando las puertas correderas de los dos dormitorios están abiertas, se crea una única circulación doble. Un pasillo conecta los dormitorios con el salón en suite, mientras que otra circulación paralela discurre justo al otro lado de las estructuras «flotantes» de los armarios acabados en madera. Los cuartos de baño con paredes de cristal forman un módulo luminoso que contrasta con los armarios de madera oscura visibles desde la entrada del apartamento.

Los sistemas de almacenaje por módulos, además de proporcionar espacios para guardar las cosas, sirven para delimitar las estancias. Pueden incluir roperos, armarios de cocina y electrodomésticos, una mesa de oficina, librerías o lo que se necesite.

178

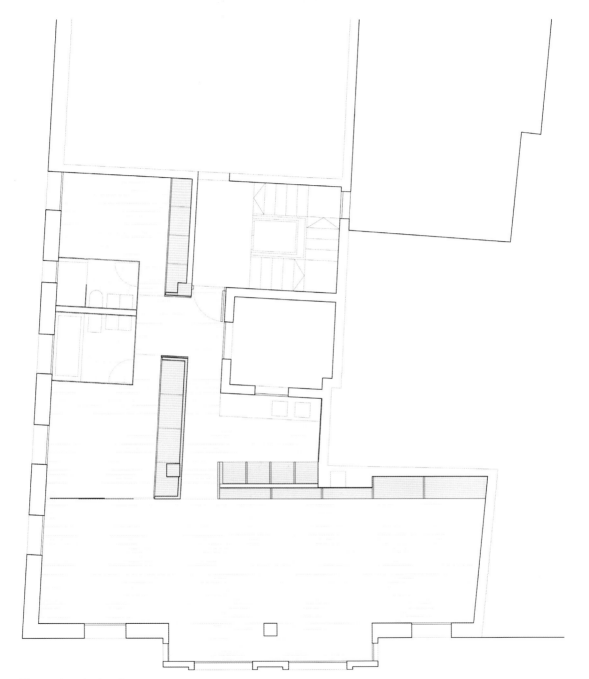

Planta y plano de situación

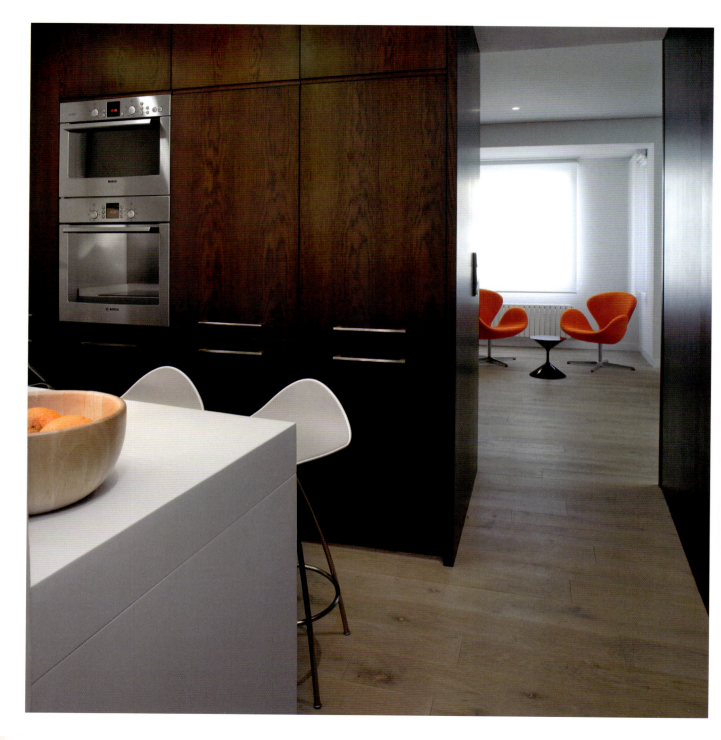

Un armario de madera forma una pared entre el salón/comedor y la cocina. En el lado del salón hay estanterías abiertas, una mesa de oficina y armarios cerrados. En el otro lado están los armarios de la cocina.

Dos dormitorios en suite con sus puertas correderas abiertas. Los cuartos de baño ocupan un cubo de cristal translúcido dispuesto entre los dormitorios.

# ÁTICO BALDESTRASSE

Arquitecto: **Arnold/Werner**
Ubicación: **Múnich, Alemania**
Fotografía: **Christine Dempf**

Este ático de 130 m² se encuentra en el tejado de una vieja residencia en Múnich que se derruyó completamente para dejar sólo la estructura, con el fin despejar el interior y conseguir grandes espacios abiertos. Poco se ha hecho para diferenciar las zonas públicas y privadas. El dormitorio da a la entrada por la misma puerta corredera y el mismo espacio arquitectónico que el salón. El cuarto de baño principal fluye directamente al salón. Pero los espacios comunes se dividieron en dos niveles para aprovechar mejor las vistas.

En los áticos, donde la altura del techo puede ser escasa para un uso normal, conviene idear un uso artístico del espacio.

179

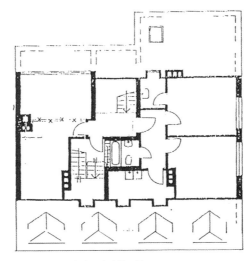

Planta antes de la rehabilitación

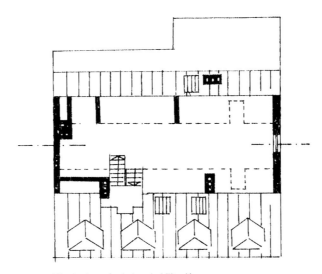

Planta después de la rehabilitación

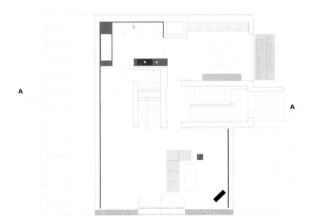

Piso inferior

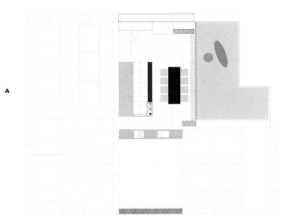

Piso superior

El nivel superior, que alberga la cocina y el comedor, está sólidamente insertado en el ático. Una buhardilla ancha es lo único que hace habitable este espacio.

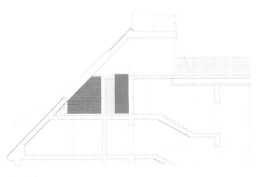

Sección

# LOFT EN PARÍS

Arquitecto: **LAN Architecture**
Ubicación: **París, Francia**
Fotografía: **Jean Marie Monthiers**

Este loft se encuentra en el ático de un edificio del siglo XIX. El deseo del cliente era mantener el volumen lo más abierto posible. Para ello, los arquitectos ubicaron todas las funciones de servicio en una zona compacta coronada por un dormitorio. En esta unidad, los espacios son apretados y los colores oscuros, en contraste con los tonos ligeros de los grandes espacios abiertos y bien iluminados. Uno podría pensar que esto agrava el problema de la falta de luz en estos espacios cerrados, sin embargo, logra destacar estos diferentes ambientes naturales para obtener un efecto espectacular.

Concentrar todas las «zonas de servicio» y usos necesarios en una pequeña unidad cerrada puede liberar el resto del plano, creando apertura y ventilación. En este ejemplo, el dormitorio se situó en la parte superior del «módulo de servicio».

180

En la zona de servicio, con acabados en corian negro azabache, desde los espacios reducidos que recuerdan a un túnel se pueden divisar los volúmenes iluminados del espacio principal.

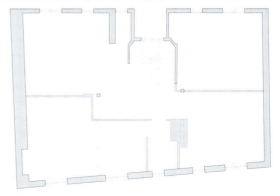

Planta

# APARTAMENTO REHABILITADO EN BARCELONA

Arquitecto: **Data AE, Arquitectura i Enginyeria**
Ubicación: **Barcelona, España**
Fotografía: **Adrià Goula**

La principal estrategia para adaptar el anticuado apartamento a las necesidades de los nuevos ocupantes fue ubicar un elemento organizativo lineal a lo largo del espacio que va de la entrada a la habitación del fondo, y que llega hasta un patio hundido. Este elemento es un armario de madera clara que se ha modificado de diferentes maneras y en diversos puntos para responder a las necesidades de los espacios adyacentes. Los diseñadores han aprovechado hábilmente el espacio vacío que cueda en la parte superior para instalar luces que proporcionen iluminación indirecta a todo el apartamento.

Se puede usar un elemento lineal —en este caso, una hilera de muebles de almacenaje— para unificar un apartamento desestructurado. Puede crear un espacio de circulación que guíe a los visitantes desde la entrada, que se encuentra alejada del salón.

181

Página 767. Un inmenso mueble se extiende por todo el apartamento formando el lado izquierdo de este pasillo. En primer plano, esta estantería abierta se encuentra justo al interior de la puerta de entrada. La cocina está a continuación.

Una gran terraza privada, o patrio trasero, es todo un lujo en las grandes ciudades. Las baldosas de terracota y una pérgola son una buena base para un magnífico jardín que se irá extendiendo a medida que las plantas crezcan.

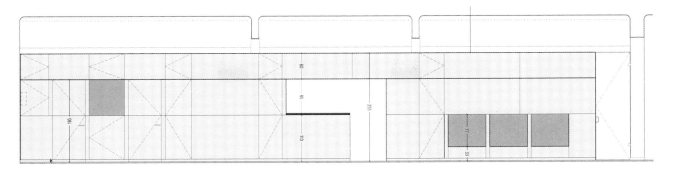

Armario ropero

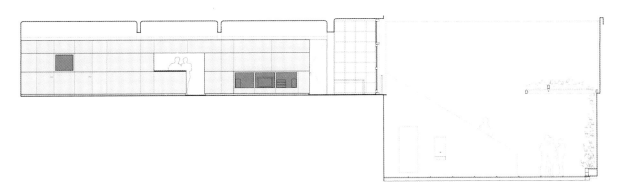

Sección

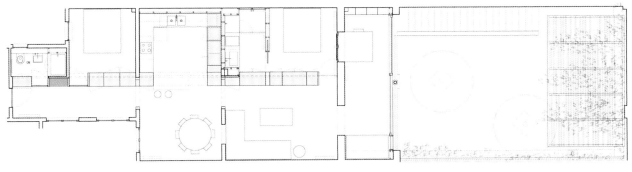

Planta

# ÁTICO EN ÁMSTERDAM

Arquitecto: **Hofman Dujardin Architecten**
Ubicación: **Ámsterdam, Países Bajos**
Fotografía: **Matthijs Van Roon**

En este proyecto, un apartamento corriente se transforma en un lujoso y amplio espacio de dos niveles con una vista espectacular de la ciudad de Ámsterdam. Aunque tenga dos plantas, éstas se encuentran estrechamente vinculadas porque ocupan un único volumen y están dispuestas pared con pared en vez de una encima de la otra. Las enormes cristaleras hasta el techo y una gran claraboya sobre la cocina hacen de esta estancia uno de los espacios más luminosos. Al cruzar la entrada se accede inmediatamente a la cocina, pero un armario vertical crea una especie de recibidor.

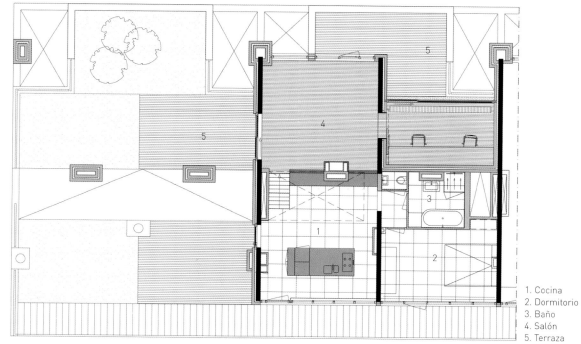

Planta

1. Cocina
2. Dormitorio
3. Baño
4. Salón
5. Terraza

Abra el interior a las terrazas con ventanales hasta el techo. Aumentarán la sensación de amplitud, sobre todo en interiores pequeños. En este proyecto, las terrazas del tejado se ampliaron al máximo.

182

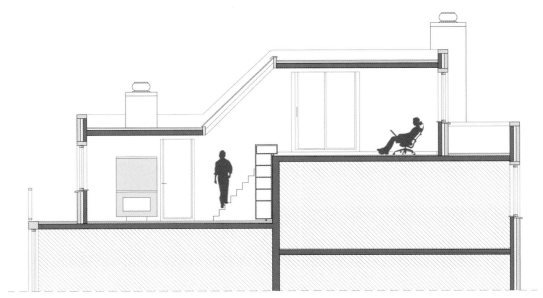
Sección del salón

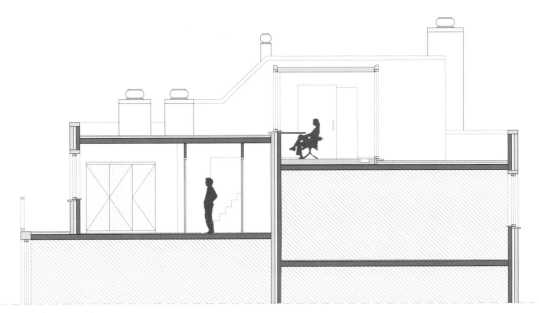
Sección del estudio

El armario vertical de la cocina, junto a la entrada, se adapta al volumen vertical de la nueva chimenea del nivel superior. Juntos entablan un diálogo entre los dos niveles y los dos espacios principales.

La madera oscura del apartamento y las baldosas de piedra crean un fuerte contraste con las paredes y los armarios claros. Los suelos oscuros son prácticamente una necesidad para mitigar la abundante luz natural que entra.

183

# APARTAMENTO EN MADISON AVENUE

Arquitecto: **Space B Architecture**
Ubicación: **Nueva York, EE.UU.**
Fotografía: **Bjorg Magnea**

Todo está relacionado con el arte en este lujoso apartamento en Madison Avenue. Desde el principio del proceso de diseño, se tuvieron en cuenta muchas piezas concretas. Más que cobijar obras de arte, el objetivo era crear espacios abiertos y dinámicos mediante el uso de materiales simples, como la piedra, la madera, el acero y el cristal, inspirándose en el contexto local. Sobre la pared de la entrada, se esculpieron unas cavidades en forma de burbujas que complementan y establecen un diálogo con el «hermafrodita» de mármol helenístico que se alza muy cerca.

La inspiración se puede encontrar en los alrededores. El diseño de la chimenea se basa las ventanas del Museo Whitney, que se encuentra justo al cruzar la calle.

184

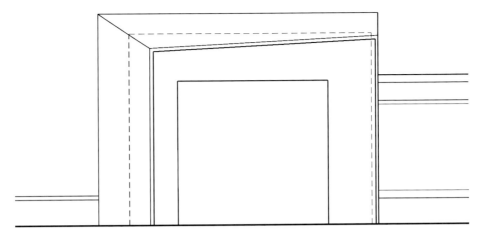

Alzado interior: repisa

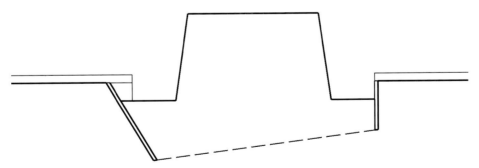

Detalle del plano: repisa

El falso techo está salpicado por pequeños focos encajados, dispuestos según las leyes de la astronomía para formar un cielo estrellado sobre las encimeras de granito oscuro reflectante de la cocina. Las grandes baldosas del suelo crean mínimas líneas de junta.

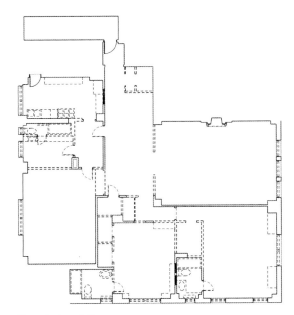

Plano de demolición

Nueva planta

Incorpore el arte directamente al mismo diseño arquitectónico. Este apartamento muestra diferentes maneras de hacerlo, como las cavidades con forma de burbuja de la pared de la galería, una instalación de Ricci Allenda.

185

# REHABILITACIÓN

## 186

No se limite a concebir el espacio tal y como existe en la actualidad. Intente el a menudo difícil ejercicio de imaginarlo de una manera completamente diferente. Para usar un cliché: rompa los moldes.

## 188

Dé prioridad a sus necesidades y deseos para asegurarse de cubrir los más importantes. El diseño es una disciplina muy compleja y multifacética. Es fácil perder de vista las necesidades más importantes cuando se presta atención a los detalles.

## 190

Diviértase comprando muebles, piedras, diferentes enseres, pomos de puertas y todo lo que necesite. Pero no lo haga como si las piezas fueran elementos aislados. No se decida por un papel pintado en concreto antes de haber estudiado los demás revestimientos.

## 187

Elija un diseñador con el que tenga una buena comunicación. El diseño de un hogar requiere una intensa e íntima comunicación durante un largo período de tiempo.

## 189

Estudie las diferentes opciones. Incluso las ideas que no parecen buenas pueden dar resultados óptimos a la hora de mostrarle a qué problemas y obstáculos se está enfrentando.

## 191

Nunca inicie un proyecto de rehabilitación o diseño con planos o ideas sobre la ubicación exacta de determinada habitación, sobre qué pared tiene que moverse o qué ventana tiene que ampliarse. Estas ideas limitarán su imaginación antes de tiempo.

## 192

Sea realista con respecto a su presupuesto y sus plazos.
Lleva tiempo construir las cosas, y cuestan dinero.

## 193

No permita que la construcción vaya por delante del diseño. Asegúrese de que todas las decisiones importantes se toman antes de iniciar las obras. No empiece la casa por el tejado. De todas maneras, en algún momento tendrá que dejar el lápiz y dar por concluido el diseño.

## 194

Si existe algún elemento interesante en el espacio y va a conservarlo, resáltelo contrastándolo con el entorno.

## 196

Inicie el proyecto escribiendo. Haga una lista de los espacios funcionales que desea, de las luces que le gustaría, de los espacios con vistas, de los lugares que han de estar próximos, de los que han de estar separados, y de cualquier otra cosa que usted crea que debe tenerse en cuenta.

## 198

Consulte a personas que sepan de rehabilitaciones, y tenga en cuenta cierta flexibilidad en el presupuesto y en los plazos de ejecución.

## 199

Encuentre un principio organizativo y diseñe su proyecto a partir de él. Busque las maneras de resaltarlo.

## 195

Y lo que es más importante: disfrute con el proceso. Diviértase. Un punto de vista atrevido fomenta la creatividad y abre la mente a más posibilidades.

## 197

El proceso de rehabilitación es siempre impredecible, así que se necesita cierta flexibilidad.

## 200

En un plano abierto, se puede usar una alfombra para delimitar visualmente una «habitación».

# DIRECTORIO

## ARQUITECTOS

**A-Cero**
Falperra, 7 bajos
A Coruña, 15005 España
T: 34-981-154-178
www.a-cero.com
Loft en A Coruña

**Abeijón-Fernández Arquitectos**
Juan Flórez 118, 1
A Coruña, 15005 España
T: 34-981-153-544
www.abeijon-fernandez.com
Rehabilitación en Juan Flórez
Rehabilitación en Cuatro Caminos

**AEM Architects**
Cap House, 9–12 Long Lane
Londres, EC1A 9HA, Reino Unido
T: 44 (0) 20-7796-19999
www.a-em.com
Vivienda en Londres

**Air-Projects**
Pau Claris 179, 3-1
Barcelona, 08037 España
T: 34-932-722-427
www.air-projects.com
Apartamento Reina Victoria

**Alden Maddry**
Alex Meitlis Architecture and Design
2 Vital Street
Tel Aviv, 66088 Israel
T: 972-3-681-4734
www.alexmeitlis.com
Loft en Tel Aviv

**Alexander Gorlin Architects**
137 Varick Street, 5th Floor
Nueva York, NY 10013, EE.UU.
T: 212-229-1199
www.gorlinarchitects.com
Loft Libesking

**Arnold/Werner**
Seitzstraße 8
Múnich, 80538 Alemania
T: 49-89-2020-6003
www.arnoldwerner.com
Ático Baldestrasse

**Avi Laiser & Amir Shwarz-U-I**
6 Meytav Street
Tel Aviv, 67898 Israel
T: 972-3-562-5440
Lofts Ben Avigador

**Basil Walter Architects**
611 Broadway, Suite 311
Nueva York, NY 10012, EE.UU.
T: 212-505-1955
www.basilwalter.com
Apartamento en Brooklyn

**Bonetti/Kozerski Studio**
270 Lafayette Street, Suite 906
Nueva York, NY 10012, EE.UU.
T: 212-343-9898
www.bonettikozerski.com
Apartamento en Park West

**Bouquelle-Popoff Architectes**
57 Rue des Commerçants
Bruselas, 1000 Bélgica
T: 32-2-648-4117
www.bouquellepopoff-architectes.be
Apartamento en Bruselas

**Brunete Fraccaroli Arquitetura e Interiores**
Rua Guarará 261, 7º andar Jd. Paulista
São Paulo, 01425–001 Brasil
T: 55-11-3885-8309
www.brunetefraccaroli.com.br
Apartamento Cinema
Loft para un joven ejecutivo

**CJ Studio**
6F #54 Lane 260 Kwang-fu
S.Rd, Taipei, Taiwán
T: 886-2-2773-8366
www.shi-chieh-lu.com
Residencia Tsai Soingao (3F)
Songao 2F

**CL3 Architects Ltd**
7/F Hong Kong Arts Centre
2 Harbour Road, Wanchai, Hong Kong
T: 852-2527-1931
www.cl3.com
Apartamento Vanke Glass

**Daniele Geltrudi**
Via Cardinal Tosi 10
Busto Arsizio, Italia 21052
T: 39-349-126-3102
Apartamento RP

**Data AE, Arquitectura i Enginyeria**
Bailèn 28 2on 1a
Barcelona, 08010 España
T: 34-932-651-947
Apartamento rehabilitado en Barcelona

**David Connor Design**
10 Ivebury Court, 325 Latimer Road
Londres, W10 6RA, Reino Unido
T 44-20-8964-5357
www.davidconnordesign.co.uk
Ático en Notting Hill

**David Hicks**
PO Box 6110, Chapel Street North
South Yarra, 3141 VIC, Australia
T: 61-3-9826-3955
www.davidhicks.com.au
Apartamento en Hillingdon Place

**Emanuela Frattini Magnusson, EFM Design & Architecture**
702–588 Broadway
T: 212-925-4500
Nueva York, NY 10012, EE.UU.
www.efmdesign.com
Apartamento O'Neill

**Estudio Magén Arquitectos**
7C Paseo de Sagasta 54
Zaragoza, España 50006
T: 34-976-385-110
www.magenarquitectos.com
Casa JM

**Filippo Bombace**
3 Via Isola del Giglio
Roma, Italia 00141
T: 39-06-8689-8266
www.filippobombace.com
Casa Rosa
La casa de Laura
RP House

**Gabellini Sheppard Associates**
665 Broadway, Suite 706
Nueva York, NY 10012, EE.UU.
T: 212-388-1700
www.gabellinisheppard.com
Residencia de la Torre Olímpica

**Graft**
Heidestrasse 50
Berlín, 10557 Alemania
T: 49-30-2404-7985
3200 N. Figueroa Street
Los Ángeles, CA 90065, EE.UU.
T: 323-441-9610
Loft Gleimstrasse

**Greg Gong**
7 Gaynor Court
Malvern, Victoria, Australia 3144
T: 61-4-22-22-32-90
Apartamento en Melbourne

**Guillermo Arias & Luis Cuartas**
Carrera 11 No. 84-42 Int. 5
Bogotá, Colombia
T: 57-1-531-28-10
Apartamento Los Cerros

**Gus Wüstemann**
Albulastrasse 34
Zúrich, 8048 Austria
T: 41-44-400-20-15
La Rambla 73, 3,2
Barcelona, España 08002
T: 34-93-301-1445
www.guswustemann.com
7 Esculturas
Glacier
The Hammer

**Hofman Dujardin Architecten**
Haarlemmer Houttuinen 23
Amsterdam, Holanda 1013 GL
T: 31-0-20-5286-969
www.hofmandujardin.nl
Ático en Ámsterdam

**In Disseny**
Pi i Margall 81
Caldes de Montbui, 08140 España
T: 34-93-865-54-46
www.indisseny.com
Loft en Caldes de Montbui

**Jackson Clements Burrows**
One Harwood Place
Melbourne, 3000 Victoria, Australia
T: 61-3-9654-6227
www.jcba.com.au
Apartamento AKM

**Javier Bárcena, Luis Zufiaur Arquitectos**
C/Herminio Madinabeitia 16-18, Pabellón 7
Vitoria-Gasteiz, España
T: 93-945-132147
www.barcenayzufiaur.com
Apartamento en Vitoria

**Jeff Etelemaki Design Studio**
10 Jay Street, Suite 308
Brooklyn, NY 11201, EE.UU.
T: 718-243-9088
www.je-designstudio.com
Loft Gershon

**Joan Bach**
Passeig de Gràcia 52 pral.
Barcelona, 08007 España
T: 34-934-881-925
Loft Frankie

**Joan Pons Forment**
Llull 47-49 àtic 4
Barcelona, 08005 España
T: 34-933-170-128
Apartamento de dos niveles en el Born

**Joana Caiano & António Morgado Arquitectos**
Rua Alfredo Cunha, 37 Sala 55
Matosinhos, 4450-023 Portugal
T: 351-96-563-39-72
Cedofeita Apartment

**Kerry Joyce Associates**
115 North La Brea Avenue
Los Ángeles, CA 90036, EE.UU.
T: 323-938-4442
www.kerryjoyce.com
Edificio de lofts en Los Ángeles

**LAN architecture**
11 Cité de l'Ameublement
París, 75011 Francia
T: 33-1-4370-0060
www.lan-paris.com
Loft en París

**Leddy Maytum Stacy Architects**
677 Harrison Street
San Francisco, CA 94107, EE.UU.
T: 415-495-1700
www.lmsarch.com
Apartamento para un fotógrafo

**Leone Design Studio**
55 Washington Street, Suite 253B
Brooklyn, NY 11201, EE.UU.
T: 718-243-9088
www.leonedesignstudio.com
Residencia Frears

**Luca Rolla**
C. So Venecia
Milán, Italia 20121
Apartamento en Milán

**McIntosh Poris Associates**
36801 Woodward Avenue, Suite 200
Birmingham, Michigan 48009, EE.UU.
T: 248-258-9346
www.mcintoshporis.com
Loft Breck
Parent Avenue

**Mark Mack Architect(s)**
2343 Eastern Court
Venice, CA 90291, EE.UU.
T: 310-822-0094
www.markmack.com
Lofts Abbot Kinney

**Miller/Hull Partnership**
Polson Building, 71 Columbia, Sixth Floor
Seattle, Washington 98104, EE.UU.
T: 206-682-6837
www.millerhull.com
1310 East Union

**Mohen Design International**
Wulumuqi S., Alley 396, No. 18
200031 Rd. Shanghai, China
T: 86-21-6437-0910
www.mohen-design.com
Jindi Cartoon Coolpix II

**One Plus Partnership Limited**
9/F, New Wing, Sing Pao Building
101 King's Road
North Point, Hong Kong
T: 852-2591-9308
Chengdu Yellow
Homage Hill
Room Z

**Page Goolrick Architect**
20 West 22nd Street
Nueva York, NY 10010, EE.UU.
T: 212-219-3666
www.goolrick.com
Apartamento flexible

**Paskin Kyriakides Sands**
7–10 Cliff Road Studios
Londres, NW1 9AN, Reino Unido
T: 44-20-7424-4800
www.pksarchitects.com
Lords Telephone Exchange

**PTang Studio Ltd.**
Rm 603–604, Harry Industrial Building
49–51 Au Pui Wan Street, Sha Tin
New Territories, Hong Kong
T: 852-2669-1577
www.ptangstudio.com
Anglers' Bay
Bel Air
Mangrove West Coast
Mid Levels

**Rios Clementi Hale Studios**
639 N Larchmond Blvd.
Los Ángeles, CA 90004, EE.UU.
T: 323-785-1800
rchstudios.com
Residencia en NY City

**Rogers Marvel Architects**
145 Hudson Street, Third Floor
Nueva York, NY 10013, EE.UU.
T: 212-941-6718
www.rogersmarvel.com
Ático en el East Village

**Salzmann Architektur**
Mühlebacherstrasse 25
Dornbirn, 6850 Austria
T: 43-5572-29827
Apartamento en Dornbirn

**Samark Arkitektur & Design AB**
Riddargatan 30, Box 5440
Estocolmo, Suecia 11484
T: 08-545-68-880
www.samark.se
Apartamento en el Turning Torso

**Santiago Calatrava**
Parkring 11 CH
Zurich, Suiza 8002
T: 41-44-204-5000
www.calatrava.com
Apartamento en el Turning Torso

**SHH Architects + Interiors + Design Consultants**
1 Ventcourt Place, Ravenscourt Park
Hammersmith, Londres, W6 9NU, Reino Unido
T: 44 (0) 20-8600-4171
www.shh.co.uk
Ático en Mayfair

**Shelton, Mindel & Associates**
216 West 18th Street
Nueva York, NY 10011-4517, EE.UU.
T: 212-243-3939
Apartamento en Manhattan

**Slade Architecture**
367 East 10th Street
Nueva York, NY 10009, EE.UU.
T: 212-677-6380
www.sladearch.com
Loft No-ho
Residencia Houchhauser

**Smart Design Studio**
632 Bourke Street
2010 Surry Hills, NSW Australia
T: 61-28332-4333
www.smartdesignstudio.com
Apartamento Gonsalves

**Space B LLC Architecture & Design**
306 West 38th Street, 7th Floor
Nueva York, NY 10018, EE.UU.
T: 212-239-3134
Apartamento en Madison Avenue

**Studio Damilano**
Via Pratolungo 1
Cuneo, Italia 12100
T: 39-01-71-49-35 04
www.damilanostudio.com
Apartamento N

**Studioata**
Via Nizza 29
Turín, Italia 10125
T: 39-011-6502346
www.studioata.com
Cubo

**The Apartment Creative Agency**
101 Crosby Street
Nueva York, NY 10012
T: 212-219-3661 ext.12
www.theapt.com
Loft Flatiron

**Vicente Wolf Associates**
333 West 39th Street
New York, NY 10018
T: 212-465-0590
www.vicentewolf.com
Upper East Side
West Village

**WORKac**
156 Ludlow Street, 3rd floor
Nueva York, NY 10002, EE.UU.
T: 212-228-1333 ext. 222
www.work.ac
Apartmento en la 5ª Avenida

**Work Architecture & Design**
100 Lafayette Street
Nueva York, NY 10013, EE.UU.
T: 212-343-2234
www.workad.com
Loft Gray

# DIRECTORIO DE MARCAS

Atelier Oi-SA
www.atelier-oi.ch

Albini & Fontanot
www.albiniefontanot.com

Arketipo
www.arketipo.com

Bark Deco
www.barkdeco.com

Bisazza
www.bisazza.com

B&B Italia
www.bebitalia.it

Bonaldo
www.bonaldo.it

Büro für Form
www.buerofuerform.de

Cat Interiors
www.cat-interiors.de

Cosmopolitan Canine
www.cosmopolitancanine.com

C. Quoi
www.c-quoi.com

Estairs
www.estairs.co.uk

Estudi Hac
www.estudihac.com

Galeria Joan Gaspar
www.galeriajoangaspar.com

Hepper
www.hepperhome.com

Holden Designs
www.holdendesigns.com

Ikea
www.ikea.com

Kitty Pod/Elizabeth Page
www.kittypod.com

La Oca
www.laoca.com

Lema
www.design-eu.com/lema/index.htm

Ligne Roset
www.ligne-roset.com

Marmalade Pet Care
www.marmaladepets.com

Modern Critter
www.moderncritter.com

Molteni
www.molteni.it

Pet Interiors
www.pet-interiors.de

Roche-Bobois
www.roche-bobois.com

Schiffini
www.schiffini.it

Tapeten der 70er
www.tapetender70er.de

Toscoquattro
www.toscoquattro.it

Vitamin
www.vitamindesign.co.uk

Zanotta
www.zanotta.it